Danksagung

Dieses Buch ist meiner Tochter Kathrin gewidmet, weil sie mich des Öfteren darauf hingewiesen hat, dass in meiner Harmonielehre die Behandlung der essenziell wichtigen Akkorde bisweilen etwas zu kurz kommt und man zu viel vom eigentlichen Thema abgelenkt wird, wenn man noch ein paar Defizite bei der Beherrschung der Jazz-Akkorde hat.

Des Weiteren möchte ich mich bei meinem Freund und Musikerkollegen Achim Masnitza bedanken, der tapfer alle Texte lektoriert und korrigiert, die Akkorddiagramme durchgeackert und mir viele Anregungen gegeben hat.

Nürnberg, im Herbst 2021

Gerhard Gige Brunner

Inhalt

Einleitung

Liebe Leser,

ich gehöre als Jahrgang 1963 zu einer Generation von Musikern, die ihre ersten Gehversuche auf der Gitarre in den 1970er Jahren an den Lagerfeuern christlicher Zeltlager machen durften. Wenn der Gitarrist der Leitungscrew das Instrument zu später Stunde an einen hoffnungsvollen Nachwuchsspieler weiterreichte, der dann zum Gesang (Gebrüll) der ganzen Mannschaft einen Dylan-Klassiker wie "Blowin' in the Wind" oder einen ähnlichen Gassenhauer spielen sollte, kam die Feuertaufe schneller als gewünscht.

Die nötigen Akkorde bekam man von einem erfahreneren Spieler gezeigt, in manchen damaligen Liederbüchern gab es zudem auch (meist sehr schlechte) Grifftabellen. Doch immer drehte es sich um die Akkorde. Mit einer ordentlichen Begleitung konnte Anerkennung und Ruhm geerntet werden, das Single-Note-Spiel war zu Beginn der Musikerkarriere kein Thema.

Dieses Muster hat sich stets aufs Neue wiederholt, in welches Genre auch immer ich meine Gitarre verfrachtete. Und das ging nicht nur mir so.

Es stellt sich nämlich immer wieder heraus, dass viele Gitarristen, die nach langer und erfolgreicher Karriere im Folk, Blues, Rock und Pop zur Horizonterweiterung in den Jazz eintauchen möchten, an eigentlich einfachen Dingen scheitern – an den Akkorden. Es kann gar nicht oft genug betont werden, wie wichtig eine wirklich filigrane Beherrschung der Akkorde und damit zusammenhängend der jeweiligen Griffe für das Spielen der Jazzgitarre ist!

Sehr oft passiert es, dass Lernende der Gitarre (oder auch die erwähnten Umsteiger) auf die Nachfrage um die Kenntnis und die Beherrschung der Akkorde mit „gut“ oder im fränkischen Idiom mit „Bassd scho“ (=Passt schon – ins Hochdeutsche übertragen mit „hervorragend“ zu übersetzen) antworten und dann bei der Demonstration ihrer Kenntnisse viel zu lang für das Finden einzelner Akkorde benötigen.

Drei Minuten (das zieht sich!) am Stück eine 1625 (was das ist, wird auf Seite 74 noch ausführlich erklärt) in sagen wir mal Ab-Dur zu spielen, wobei die Voicings hier stets abzuwechseln sind, ist diesbezüglich für eine realistische Eigenwahrnehmung sehr hilfreich.

Ich beharre auf dieser Übung, weil sie wirklich aufschlussreich ist!

Die Kenntnis um ein paar unterschiedliche maj7-Akkorde ist nicht genug, bei weitem nicht genug! Welch irre Buchstaben-Zahlen-Kombination auch immer Ihr auf einem Sheet erblicken werdet, Ihr müsst sie ohne Zögern auf der Gitarre intonieren können. Ich kann Euch versichern, dass viele harmonische Problemstellungen des Jazz ganz leicht verständlich werden, sich quasi selbst erklären, wenn unsere Finger rein mechanisch die jeweils notierten Akkordverbindungen flüssig spielen können.

Viele Lehrbücher, die inhaltlich durchaus hochwertig sein mögen, kranken an ihrer Materialfülle. Der Leser wird von der zu schnell fortschreitenden Informationsflut schier überrollt und wehrt sich, indem er das betreffende Werk nur halb gelesen zur Seite legt. Dies war beim Verfassen dieser Abhandlung zu bedenken. Zu einfach durfte ich es Euch aber auch nicht machen, sonst beleidige ich den gestandenen Musiker in Euch mit trivialem Inhalt auf vielen Seiten...

Wie also wollen wir es angehen?

Nachdem ich Grundlagen zu Fingersatz und Handhaltung überspringe, weil es zum Einen hierzu mannigfaltige Literatur gibt und zum Anderen sich die Griff-Technik bei den meisten erfahrenen Gitarristen ohnehin unumkehrbar verfestigt hat, werde ich Euch als Erstes die Herleitung der Vierklänge aus der C-Dur-Tonleiter vorstellen. Auch wenn Ihr aus langjähriger praktischer Erfahrung und möglicherweise aus einigen Büchern schon über einen respektablen Satz an Akkorden verfügen mögt, bedenkt bitte:

Ihr müsst Euer Handwerkszeug für den Jazz neu bereitlegen!

Aus diesem Grund werde ich die vier wichtigsten Akkordtypen zunächst mittels Terzentürmen (Terzschichtung) sozusagen rein mechanisch aus der C-Dur-Tonleiter erzeugen, dann nach einer kurzen Erklärung der Intervalle genauer betrachten und schließlich auch einige Umkehrungen vorstellen. Mit der Einführung der verminderten und übermäßigen Akkorde habt Ihr dann schon einmal ein – zugegebenermaßen überschaubares – Arsenal an Akkorden, mit denen Ihr die meisten Jazzstandards zumindest in rudimentärer Form begleiten könnt.

Erst danach zeige ich Euch eine andere Methode der Herleitung von Vierklängen aus den sogenannten Lagerfeuerakkorden, da Ihr zu diesem Zeitpunkt schon etwas genauer wisst, was eigentlich die jeweiligen im Akkord enthaltenen Intervalle bewirken und was mit dem Akkord passieren kann, wenn Ihr z.B. einen seiner Töne um einen Halbton verändert. Da diese Herleitung nur einen alternativen Weg zu den Vierklängen darstellt, könnt Ihr die betreffenden Seiten auch überspringen.

Den von mir gehörten, gespielten und auch gelehrten Jazz möchte ich an dieser Stelle sehr vereinfacht als „traditionellen Jazz" bezeichnen. Ich meine hiermit eine Musik, die in ihrer Form, Logik und Harmonik dem Repertoire der großen Broadway- und Hollywood-Komponisten entspringt. In den 1920er und 1930er war der Bedarf an Musik für Theater- (Broadway) oder Filmproduktionen (Hollywood) ungeheuer hoch. Viele der meistgespielten Komponisten waren Auswanderer aus Europa oder zumindest Kinder solcher, so dass der ursprüngliche Jazz, welcher aus afroamerikanischer Volksmusik entstanden ist, sehr schnell mit europäischer Kompositionstechnik und Funktionsharmonik vermischt wurde.

Akkorde kommen in den Jazzstandards dieses traditionellen Jazz überwiegend in sogenannten Verbindungen vor, wo es für unterschiedliche Akkordtypen unterschiedliche Funktionen gibt. Meine harmonischen An- und Einsichten, die ich Euch vermitteln möchte, wenn es um das Spiel solcher Verbindungen geht, stammen im Wesentlichen aus der von Hugo Riemann Ende des 19. Jahrhunderts entwickelten Funktionstheorie, welche die Verhältnisse zwischen den Akkorden in dur-moll-tonaler Musik beschreibt. Obwohl zum Beispiel im Berklee College of Music, der Schmiede für alles, was derzeit im Jazz den Ton angibt, heute andere Konzepte, insbesondere die Akkord-Skalen-Theorie, gelehrt werden, genügt die oben angesprochene Funktionstheorie für das Verständnis und die Analyse der meisten Jazzstandards des traditionellen Jazz (siehe oben).

Daher werde ich in einem kurzen Exkurs die Haupt- und Nebenfunktionen der Akkorde besprechen und ihre Erweiterung von Vier- zu Fünfklängen (oder zu noch Schlimmerem), sowie anschließend die erwähnten Akkord-Verbindungen.

Da wir natürlich in allen Tonarten gleichermaßen zurechtkommen müssen, darf der Quintenzirkel als Hilfsmittel und Werkzeug hier nicht unerwähnt bleiben.

Alle im Buch bei den einzelnen Kapiteln vorgestellten Akkorde sind im letzten Kapitel übersichtlich geordnet mit ihren Akkorddiagrammen zusammengefasst abgebildet. Hier möchte ich auf zwei Schrullen meinerseits hinweisen:

- Ich bin kein Fan der Quinte. Stufen, die man weglassen kann, ohne den Akkordcharakter zu verlieren, sind (reine) Quinte und Grundton (ja, tatsächlich). Oft wird eine fehlende 5 im Akkordnamen angegeben (no 5), aber ich halte die Auflistung von fehlenden Stufen prinzipiell für überflüssig.
- Andererseits bin ich gerne maximal flexibel, wenn es um eine spontane Interpretation des aktuell gespielten Akkords geht. Daher greife ich persönlich oft „zuviel", also beispielsweise den Barré über mehr Saiten, als es für den reinen Vierklang notwendig wäre. Im Spiel kann ich mich dann spontan entscheiden, eventuell eine Quinte (erwischt, da ist sie wieder) statt des Grundtons in den Bass zu nehmen oder eine Erweiterung mit zu spielen, die eigentlich im Akkorddiagramm ausge-x-t wurde. Hiermit heische ich um Verständnis für manchmal etwas opulente Fingerings.

In den Sitzungen mit den Lektoren wurde immer wieder der Wunsch nach Erweiterung dieser Abhandlung an mich herangetragen, sei es zum Thema „Cluster" oder auch Weiterführendes zur Funktionsharmonik. Gerne schreibe ich hierzu einige Sätze (und habe es auch schon getan, siehe „Harmonielehre für Gitarre", Spurbuchverlag, ISBN 978-3-88778-604-5), aber eben nicht in diesem Buch. Glaubt mir, das Problem in der Praxis ist selten die zu geringe Menge des Stoffes, sondern zumeist die unzureichende Beherrschung des vorliegenden Materials. Ich bin mir sicher, dass Ihr, sofern Ihr dieses Buch gründlich durcharbeitet, Euer Gitarrenspiel grundlegend verbessert und dann gegebenenfalls ein weiterführendes Werk zu Rate ziehen werdet, um die Themen zu erarbeiten, die ich in diesem Buch nicht abhandeln kann und will.

So gerne ich Euch dies von den Schultern nehmen möchte – ohne regelmäßige Übung wird das Erlernen der Akkorde und Griffe nicht vonstatten gehen. Aber wenn Ihr schon ein paar Jahre spielt, sollte es Euch nicht allzu schwer fallen, Euer sicherlich vorhandenes Repertoire an Griffen gehörig aufzubessern, was Eurem Spiel und Euren Interpretationen oder gar Kompositionen zugutekommen wird. Lasset uns beginnen!

Viel Spaß und viel Erfolg,

Euer Gige

Grundwissen, ohne das es nicht geht

Akkorde verstehen und neu lernen

Falls Ihr schon einige oder gar viele Jahre Gitarre spielt, besitzt Ihr sicherlich Kenntnis von vielen Akkorden, darunter bestimmt auch eine Menge Vierklänge oder Schlimmeres. Dennoch ist es sinnvoll, die Entstehung solcher Akkorde einmal von Grund auf nachzuvollziehen. Die im folgenden vorgestellte Prozedur wiederholt sich in allen Tonarten und erzeugt so den Großteil aller Akkorde, die Ihr in Jazzstandards vorfinden werdet. Im Jazz werden grundsätzlich Vier- oder Mehrklänge verwendet. Das hat sich dermaßen eingebürgert, dass es bisweilen schon über das Maß des Vernünftigen hinaus geht. Gerade im Oldtime-Jazz (schwer zu definieren – ganz grob alles Jazzige bis etwa 1940) tut die permanente Erweiterung eines jeden Dreiklangs zu einem Vierklang dem jeweiligen Song nicht immer gut. Doch dies bleibt dann Euren Ohren zur Entscheidung überlassen. Dennoch: Anders als im Rock, Pop, Blues oder Folk, wo der Einsatz von Mehrklängen (mit Ausnahme des allseits beliebten Septakkords) auch mal pomadig oder gekünstelt wirken kann, sind Vierklänge im Jazz autochthon, gehören also von Anfang an dazu. Ohne ein grundlegendes Wissen um Vierklänge und deren sehr gute handwerkliche Beherrschung ist weder ein fortgeschrittenes Musizieren noch die harmonische Analyse von Jazzstandards möglich, welche für eine ordentliche Interpretation meines Erachtens unabdingbar ist. Siehe auch Seite 44.

Die Vierklänge der Durtonleiter

Ich stelle Euch die in C-Dur entstehenden Vierklänge samt ihrer sogenannten Funktionen vor, woraus wir dann die Akkorde für alle im abendländischen Dur-Moll-System vorkommenden Tonarten ableiten können. Hier nun als Basis und Tonvorrat die allseits bekannte C-Dur-Tonleiter:

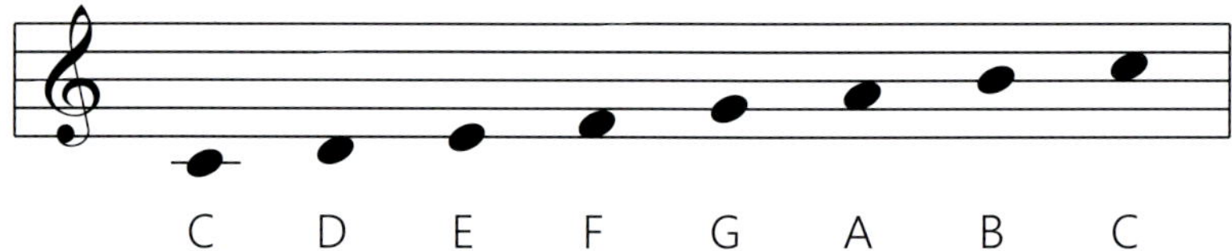

H oder B oder Bb oder was?

In der anglo-amerikanischen Tonwelt gibt es kein „H". Im deutschen Sprachraum ist der Buchstabe H für den Ton B (die Abfolge A - B - C - D usw. ist offensichtlich sinnvoller als unser A - H - C - D usw.) bei der etwas schlampigen Abschrift eines Notenblattes vor sehr vielen Jahren eingeführt worden. Und unser (deutsches) B, also das um einen Halbton verminderte H, wird im Angelsächsischen als Bb bezeichnet, gesprochen „B flat". Da wir im Jazz sehr oft mit englischer Literatur oder mit englischen Sheets konfrontiert sind, empfiehlt sich die Verwendung von B und Bb. Die einzige Ausnahme mache ich für die H-Saite, welche ich nicht umbenennen möchte.

Obwohl wahrscheinlich viele von Euch gestandene Musiker sind, seien an dieser Stelle zum Einstieg die sogenannten Intervalle kurz erklärt:

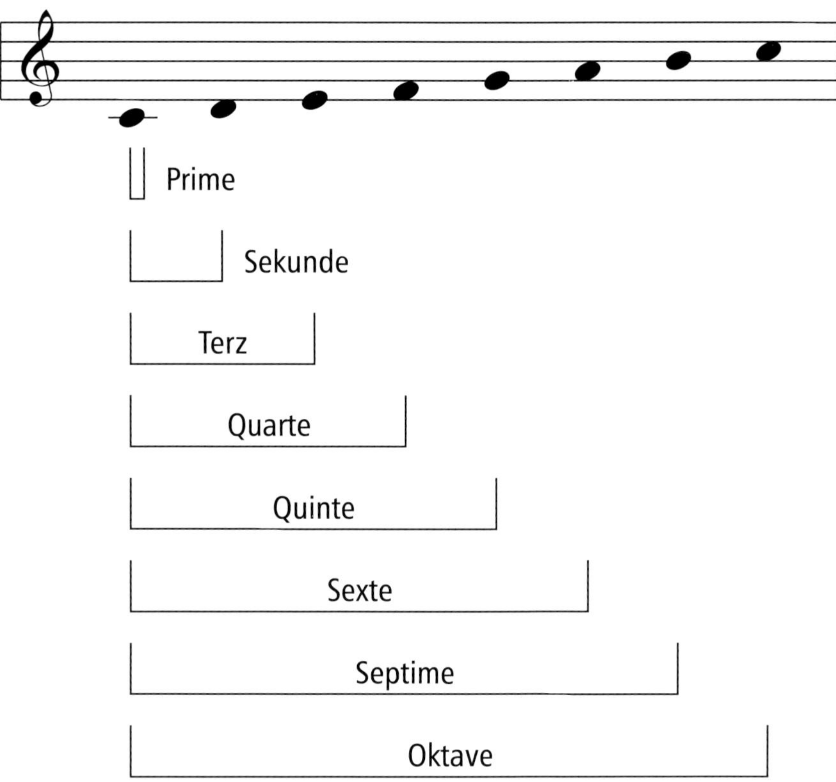

Ich werde umgehend noch die genaue Beschreibung der einzelnen Intervalle ergänzen, da eigentlich ein Intervall nur durch einen der Zusätze

vermindert, klein, rein, groß, übermäßig

exakt definiert wird. Das wäre aber im Moment für die Herleitung der Vierklänge in C-Dur gar nicht hilfreich. So lasst uns die Erklärung noch für eine kurze Weile verschieben. Die Vierklänge entstehen nun mit dem Tonmaterial aus C-Dur (also ohne Vorzeichen, nur weiße Tasten auf einer Klaviatur) durch einen quasi mechanischen Vorgang, durch das

Terzentürmen

Ich denke, der Fachbegriff ist „Terzschichtung", aber „Terzentürmen" klingt einfach schmackiger und ist mir selbst eingefallen. Auf jeden der in der Notenzeile abgebildeten Töne türmen wir jetzt Terzen (eine Terz umfasst vereinfacht ausgedrückt drei Tonstufen einer Tonleiter), und zwar bewusst ohne Angabe von „klein" oder „groß", es sind also reine Abstandsangaben zum jeweils übernächsten Ton.

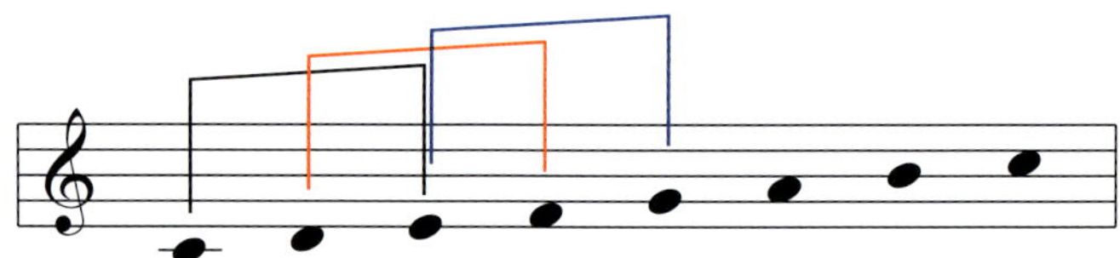

Nun wird einfach gehäufelt. Auf jeden Ton der C-Dur-Tonleiter türmen wir drei weitere Töne, wobei wir immer um eine Terz (auf den übernächsten Ton) nach oben springen. Also von C nach E nach G nach B, von D nach F nach A nach C, und so weiter.

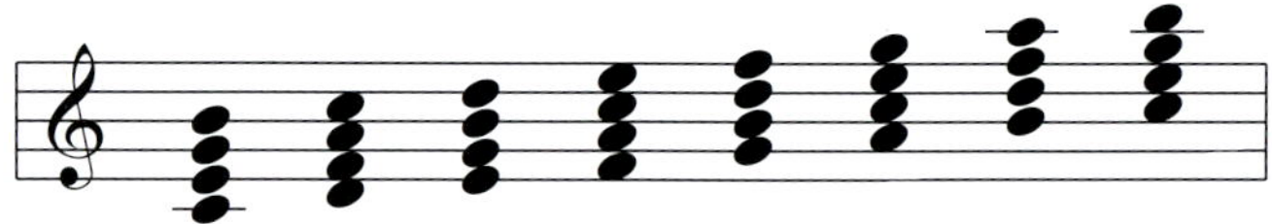

Man sehe: Es wurde nur Tonmaterial aus der vorgegebenen (C-Dur-)Tonleiter verwendet, es sind keinerlei Vorzeichen hinzugekommen!

Vierklänge

Die so entstandenen Vierklänge haben die Struktur **Grundton-Terz-Quinte-Septime**. Es sind somit allesamt Septakkorde (weil sie eine Septime beinhalten), die aus drei übereinandergeschichteten Terzen bestehen. Durch die jeweils unterschiedlich ausgeprägten Intervalle entstehen dann auch völlig verschieden klingende Akkordtypen, welche ab Seite 19 vorgestellt werden.

Ausführlich: Die Intervalle

Nachdem wir nun den mechanischen Teil, das Terzentürmen, auf die einzelnen Töne der C-Durtonleiter erledigt haben, möchte ich die bereits vorgestellten Intervalle noch präzisieren. Denn allein aus der zusatzfreien Intervallbezeichnung kann kein betragsmäßiger Halbtonabstand des jeweiligen Intervalls erschlossen werden. Jede Durtonleiter hat nämlich zwischen III. und IV. sowie zwischen VII. und VIII. Stufe statt des üblichen Ganztonabstands einen Halbtonabstand. In C-Dur entstehen diese automatisch durch die Verwendung der Naturtöne. Dieser bereits existente Zustand wurde dann sozusagen als Schablone für alle anderen Tonleitern angesetzt und wird dort für jede Tonart durch Vorzeichen # oder b realisiert. Dies nur als kurze Anmerkung. Solcherlei Grundlagen bitte an geeigneter Stelle selbst nachlesen, das führt in diesem Heft zu weit. Der Abstand zwischen zwei Tönen in Halbtonschritten (also für die Gitarre gesprochen: in Bünden) ist das Kriterium, um die unvollständige Intervallangabe zu präzisieren. Beispiel:

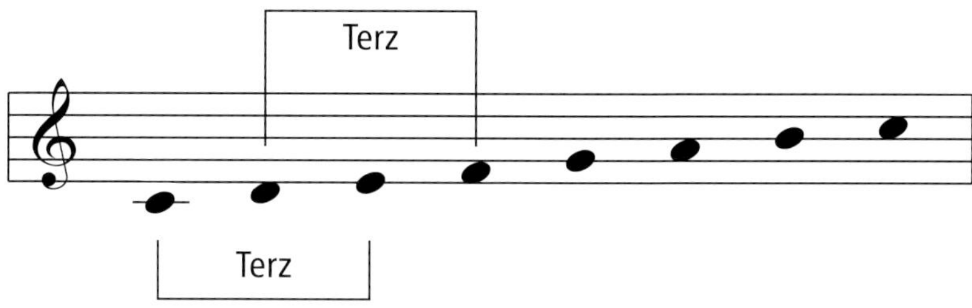

Wie eingezeichnet heißt der Abstand zwischen C und E „Terz". Wir zählen nun die Halbtonschritte nach: C - C# - D - D# - E ergibt 4. Auf der Gitarre greife man am 3. Bund der A-Saite (= C) und verschiebe den Finger um vier Bünde Richtung 12. Bund (oder Schallloch oder Tonabnehmer oder ähnliches in dieser Ecke) und landet auf dem 7. Bund der A-Saite, wo sich tatsächlich der Ton E befindet. Nun wird allerdings natürlich nicht immer mit C gestartet. Lasst uns mal mit D beginnen. Der übernächste Ton der Tonleiter, also die Terz ab D, ist der Ton F. Wieder zählen wir die Halbtonschritte: D - D# - E - F ergibt 3. Den Ton E# gibt es nämlich nicht, zwischen E und F ist ein sogenannter natürlicher Halbton, ebenso zwischen B und C. Auf dem Klavier fehlt an diesen Stellen jeweils die schwarze Taste. Wir haben also zweimal ein Intervall namens Terz gefunden, allerdings einmal mit 4 Halbtönen Abstand (= große Terz), einmal mit 3 (= kleine Terz).

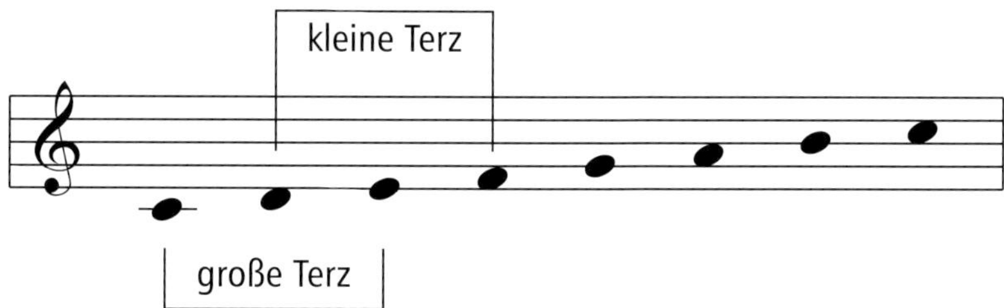

In der folgenden Tabelle findet Ihr alle Intervalle mit der jeweiligen Angabe der Halbtonschritte.

Intervall	Bezifferung	Halbtonschritte
reine Prime	1	0
kleine Sekunde	b2	1
große Sekunde	2	2
kleine Terz	b3	3
große Terz	3	4
reine Quarte	4	5
(Tritonus)	-	6
reine Quinte	5	7
kleine Sexte	b6	8
große Sexte	6	9
kleine Septime	b7	10
große Septime	maj7	11
reine Oktave	8	12

Prime (welche als Abstand mit dem Betrag 0 meines Erachtens nur von theoretischem Interesse sein mag), Quarte, Quinte und Oktave sind sogenannte **reine** Intervalle, während man Sekunde, Terz, Sexte und Septime in **klein** und **groß** unterscheidet. Vermindert man ein kleines oder ein reines Intervall um einen Halbton, so entsteht ein **vermindertes**, vergrößert man ein großes oder wiederum ein reines Intervall um einen Halbton, ein **übermäßiges** Intervall.

In der Tabelle steht der Begriff Tritonus in Klammern. Er teilt zwar die Oktave in zwei gleiche Hälften, ist aber keinem Ton einer Tonleiter direkt als Intervall zugeordnet. Man findet ihn genau drei Ganztonschritte (daher der Name Tritonus = lat. Dreiton von griech. tritonon) vom Grundton aus. Er wird als übermäßige Quarte oder verminderte Quinte beschrieben, wobei nur die übermäßige Quarte wirklich die drei Ganztonschritte (z.B. C - D - E - F#) beinhaltet, während die verminderte Quinte zwei Ganztonschritte plus zwei Halbtonschritte enthält (C - D - E - F - Gb). Da es aber in beiden Fällen betragsmäßig sechs Halbtonschritte ergibt, wollen wir das nicht so eng sehen...

Bei der Bezifferung der Septimen liegt ein logischer Bruch vor, da ja eigentlich die große Septime allein mit der Ziffer „7" geschrieben werden müsste. Siehe auch Sekunde, Terz und Sexte. Das liegt daran, dass in der Akkordsymbolschrift (die ich umgehend vorstellen werde) seit jeher die kleine Septime mit „7" und nicht wie eigentlich in der Konvention festgelegt mit „b7" geschrieben wird. So ist die Kennzeichnung maj7 zur eindeutigen Festlegung vonnöten, dass es sich bei einem Intervall eben wirklich um eine große Septime handelt.

Wichtig für uns ist zudem (wird gerne mal falsch gemacht), dass die bloßen Intervallnamen die Anzahl der beteiligten Töne wiedergeben, nicht die Anzahl der Zwischenräume! Zum Beispiel umfasst das Intervall „Terz" in der Darstellung unter der C-Dur-Tonleiter die drei Töne C - D - E, aber nur zwei Abstände, nämlich C - D und D - E. Daher ist es besser, von Intervallen in ihrer kompletten Bezeichnung zu sprechen, also z.B. von „großer Terz", „kleiner Sexte" oder „verminderter Quinte". Außer natürlich beim Terzentürmen...

Intervalle – Einteilung

vermindert – rein – übermäßig

vermindert – klein – groß – übermäßig

Die Akkordsymbolschrift

Hier die erste Zeile des Sheets für den Jazz-Standard „Angel Eyes“:

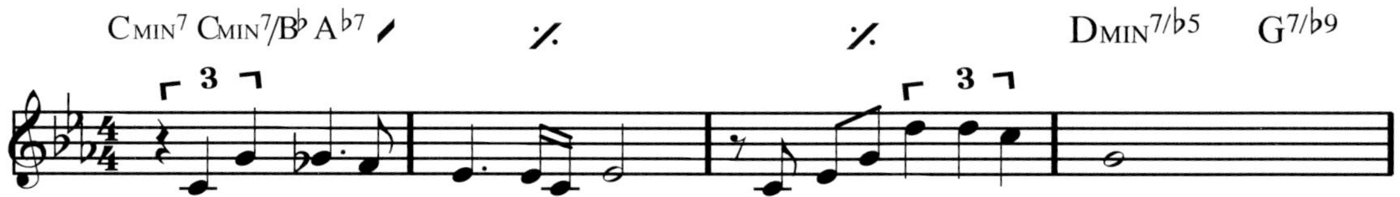

In vielen Bereichen der Musik werden Akkordsymbole verwendet, um Akkorde ohne eine explizite Darstellung mit übereinanderstehenden Noten zu bezeichnen. Dies ist für viele Instrumentalisten ein wesentlich leichter umzusetzendes Notationsverfahren und lässt zudem noch größere Freiheit beim Spiel, da ja die Realisierung des jeweiligen Akkords nicht exakt vorgeschrieben ist. Bei den im Jazz zumeist eingesetzten (Lead)Sheets bzw. in den gebräuchlichen Apps wie iReal Book oder iReal Pro führt kein Weg an der Akkordsymbolschrift vorbei!

Es gibt leider viele unterschiedliche Konventionen, so dass ich Euch an dieser Stelle eine gebräuchliche und von mir eingesetzte Akkordsymbolschrift nahe bringen möchten. Prinzipiell werden **Dreiklänge plus Erweiterungen** dargestellt.

Der erste Buchstabe bezeichnet immer den Grundton des Akkords. So steht ein einfaches C für den Dreiklang C-Dur C-E-G. Die Töne von (großer) Terz E und (reiner) Quinte G sind nicht erwähnt. Selten findet man die Silbe ma (für „major“ = Dur) oder MA (in Kapitälchen, z. B. CMA7) hinter dem Akkordgrundton. Das kann unangenehme Folgen haben, worauf wir noch kommen werden, wenn wir die Erweiterungen hinzufügen.

Liegt dagegen eine Mollterz (also eine kleine) vor, wird dies zum Grundton hinzu geschrieben, also Cmin für den Akkord C-Moll, bestehend aus den Tönen C-Eb-G. Auch zu finden ist Cmi, Cm, C- und (gottseidank inzwischen selten) c (Kleinschreibung).

Versetzungszeichen b und # werden direkt hinter den Grundton notiert. z.B. Eb = Dreiklang Es-Dur, G# = Dreiklang Gis-Dur, Abmin = Dreiklang As-Moll

Nach dem Buchstaben für den Grundton, ggf. einem Versetzungszeichen und der eventuellen Kennzeichen für Moll steht die erste Erweiterung. Da im Jazz überwiegend mit Vierklängen in der Form Grundton - Terz - Quinte - Septime gearbeitet wird, finden wir hier häufig die Ziffer 7. Allerdings steht die (blanke) 7 für die kleine, die Bezeichnung maj7 für die große Septime (logisch und konsequent wäre kleine Septime b7, große 7 – aber, bitte gleich wieder vergessen, so ist es eben nicht!). Statt **maj7** (bzw. MAJ in Kapitälchen, z. B. CMAJ7) ist auch **Δ7** oder (selten) j7, noch seltener 7+ zu finden.

Wegen der abweichenden Septimen-Schreibweise bin ich keine Fan der Kennzeichnung einer Durterz durch die Silbe ma oder gar maj. Insbesondere bei handgeschriebenen Akkordbezeichnungen oder wenn ein Höher- oder Tieferstellen der Silben nicht möglich ist, wird beispielsweise ein Cma7 (C-Dur Dreiklang mit kleiner Septime, C7) schnell mit einem Cmaj7 verwechselt, welcher gemäß der hier vorgestellten Schreibweise eine große Septime enthält.

Die Sache mit der j7

Die Schreibweise j7 für eine große Septime erschließt sich erst beim zweiten (oder dritten) Blick. *Wenn* man schon für das Tongeschlecht Dur die Silbe ma hinter den Akkordgrundton schreiben will, dann ist ein j7 für die große Septime durchaus konsequent. Denn: Cma + j7 = Cmaj7.

Zusätzliche Erweiterungen, welche dann aus dem Vier- einen Fünfklang oder Schlimmeres machen, werden mit / getrennt aufsteigend notiert, also Amin7/9 oder E7/#9 oder G7/#9/b13.

Soll zum Akkord ein abweichender Bass(ton) gespielt werden, so wird dieser durch einen (großen) Schrägstrich getrennt hinter den Akkord geschrieben (siehe im Sheet-Auszug: Cmin7/Bb). Stehen keine unterschiedlichen Strichgrößen zur Verfügung, wird ein Leerzeichen eingefügt. Zum Beispiel „C6/9 über den Basston G" als C6/9 /G

Anwendungen, Sonderregelungen und die Schreibweise für verminderte und übermäßige Akkorde werde ich bei der Vorstellung derselben ergänzen.

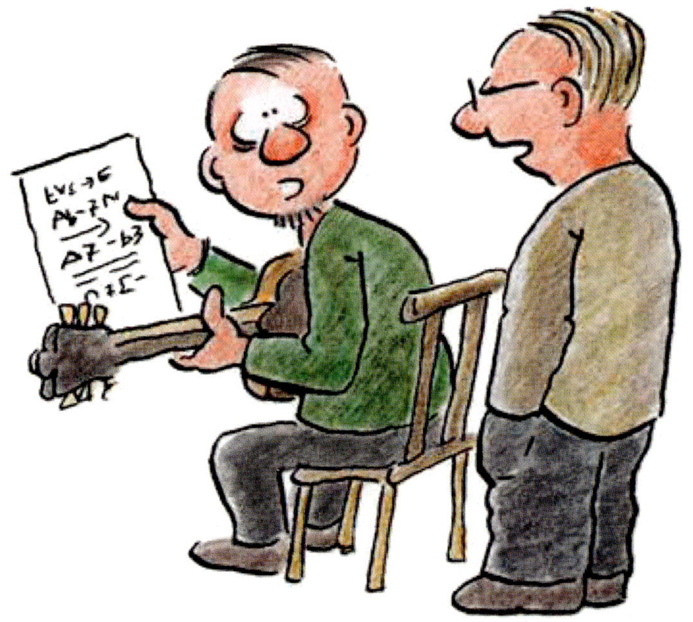

Die vier Akkordtypen aus der Durtonleiter

Die durch Terzentürmen entstandenen Vierklänge wollen wir jetzt etwas genauer unter die Lupe nehmen. So werde ich mit dem Tonmaterial aus C-Dur vier unterschiedliche Akkordtypen herleiten. Und bei dieser Gelegenheit gibt es dann die ersten Akkorddiagramme, damit Ihr endlich mal was zum Spielen habt.

maj7

Der erste Akkord hat als Grundton das C, als Terz finden wir den Ton E. Flink auf der Gitarre nachgezählt haben wir hier einen Abstand von vier Halbtönen, also eine große Terz. Das ergibt als Tongeschlecht schon mal Dur. Auf die Terz folgt die „Fünf" oder die Quinte (vom C aus gezählt!), ein G. Eine reine Quinte ist immer sieben Halbtöne vom Grundton entfernt, egal ob es sich um einen Dur- oder Mollakkord handelt. Eine reine Quinte wird in der Akkordsymbolschrift nicht explizit erwähnt. Unser derzeitiger Dreiklang (C - E - G) heißt also immer noch C-Dur.

> Es ergänzen sich die ersten beiden aufeinandergeschichteten Terzen eines Akkords normalerweise (die Ausnahme kommt noch) zu 7 Halbtönen, im Verhältnis 4 + 3 (Dur) oder 3 + 4 (Moll).

Nun fehlt noch der vierte Ton, der ganz oben auf unserem Türmchen thront, das B. Vom C aus gezählt (inkl. C) ist das der 7. Ton, also eine Septime (oder auch Septe, Sept). Wenn wir nun prüfen, wann wiederum das (nächste) C kommt, stellen wir fest, es befindet sich nur einen Halbton darüber (ein Bündlein schieben). Der mit Septime bezeichnete Abstand des B vom tiefer liegenden C ist also der maximale Abstand, den man vom C haben kann, bevor man wieder auf das eine Oktave höhere C' stößt. Daher handelt es sich um eine große oder englisch major Septime. Zusammengefasst ergeben die vier Töne, die durch Aufschichten von Terzen über dem Grundton C aus der C-Dur-Tonleiter entstanden sind, den Akkord C-Dur-Major-Sieben, kurz Cmaj7. Eine ebenso gebräuchliche Schreibweise ist CΔ7. Warum die große Septime im Gegensatz zu ihren ebenso großen Intervallkollegen mit „maj" ausgezeichnet ist, hatte ich ja schon beschrieben.

Zum Einstieg zwei gebräuchliche Fingerings für den Akkord Cmaj7:

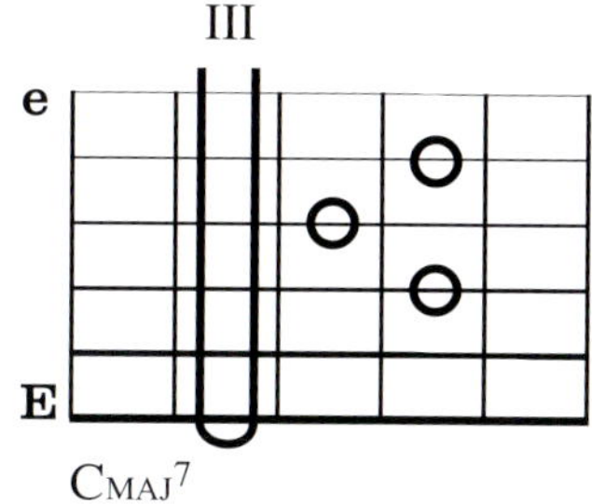

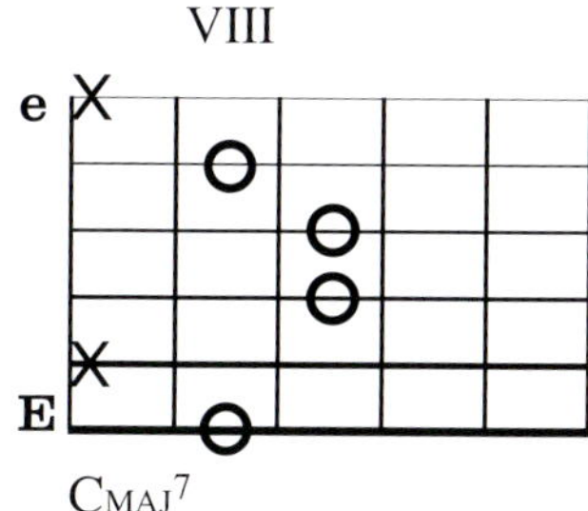

min7

Als nächstes betrachten wir den auf D entstandenen Akkord. Zunächst die Terz D - F. Aha, diesmal sind es nur drei Halbtöne. Somit haben wir es hier mit einem Moll-Akkord zu tun. Dann die Quinte, das A: 7 Halbtöne, also eine stinknormale (reine) Quinte, nicht der Rede wert. Interessant ist dann die Septime, das C. Da zwischen unserer Oktave D' und der besagten Septime noch ein Halbton liegt (das Cis (C#) bzw. Des (Db)), ist es nicht der maximale Abstand zum Grundton D, also keine große (major) Septime. In diesem Fall handelt es sich um eine kleine Septime, die einfach 7 geschrieben wird. Man findet sie stets im absoluten Abstand von zwei Halbtönen unter der Oktave des jeweiligen Grundtons.

Die Septime in der Praxis

Den Ton D auf der A-Saite suchen (5. Bund), dann die Oktave D' suchen (Tipp: G-Saite, 7. Bund). Von diesem Ton rutschen wir zwei Bünde nach links (gilt für Standard-Rechtshänder-Gitarren), folglich zum tieferen Ton (G-Saite 5. Bund), und finden dort – heureka – das C, also die Septime zu unserem Grundton D.

Zusammenfassend ist also auf dem D, dem zweiten Ton unserer C-Dur-Tonleiter, der Akkord D-Moll-Sieben, kurz Dmin7 entstanden. Weitere Schreibweisen: d-7, Dm7, Dmi7, D-7 oder d7 (ganz unangenehm – kommt aber vor).

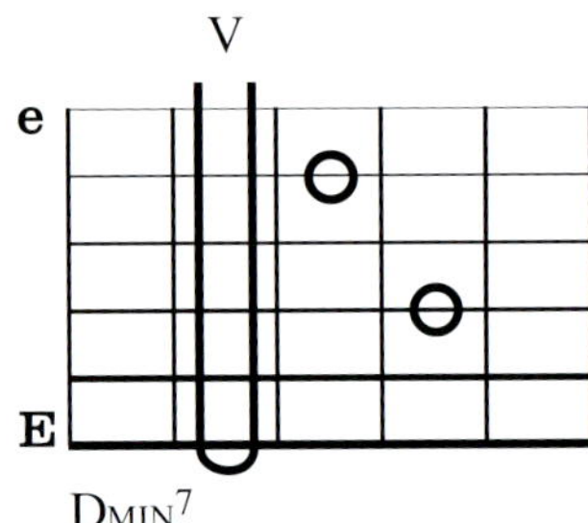

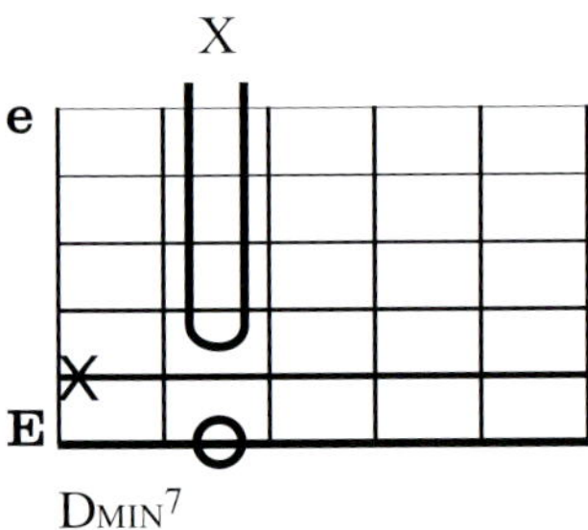

Die jetzt zweimal beschriebene Analyse des jeweiligen Vierklangs führen wir für jeden der sieben Akkorde erneut durch, wobei wir bei E und A wieder einen Moll-7- und bei F einen Major-7-Akkord erhalten. Die Übersicht zeigt die Vierklänge in C-Dur, geordnet nach aufsteigenden Grundtönen: Cmaj7, Dmin7, Emin7, Fmaj7, G7, Amin7, Bmin7/b5, Cmaj7.

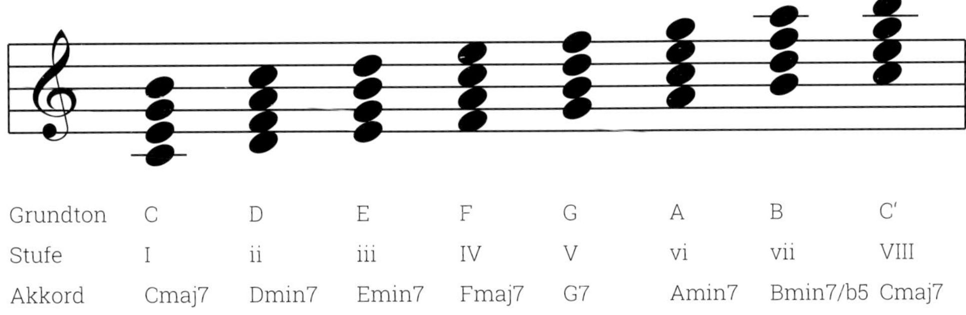

Grundton	C	D	E	F	G	A	B	C'
Stufe	I	ii	iii	IV	V	vi	vii	VIII
Akkord	Cmaj7	Dmin7	Emin7	Fmaj7	G7	Amin7	Bmin7/b5	Cmaj7

Zwei der genannten Akkordtypen haben wir noch nicht besprochen, 7 und min7/b5 anhand der Beispiele G7 und Bmin7/b5.

7

Der Akkord G7 besteht aus einer großen Terz, gefolgt von einer reinen Quinte (was nicht explizit vermerkt wird) und einer kleinen Septime. Die Kombination aus Durterz und kleiner Septime lässt ihn „spannend" (oder auch dissonant) klingen, da er nach Auflösung (zur I. Stufe, also Cmaj7) strebt. Er ist der Dominantseptakkord zu Cmaj7 (weil er quasi unsere Ohren in Richtung dieser Auflösung zwingt). Rock- und vor allem Bluesmusiker „spielen" im besten Sinne des Wortes mit diesem Sound (sie verweigern den Hörern die Auflösung in einen wohlklingenden Dur-Major7-Akkord) und verwenden solche Akkorde eben nicht nur als Dominantseptakkorde auf dem Weg nach Hause zum Grundakkord, sondern gerne als Grundakkord (Tonika) selbst (siehe auch ein 12-taktiges Bluesschema, in dem nur Septakkorde vorkommen).

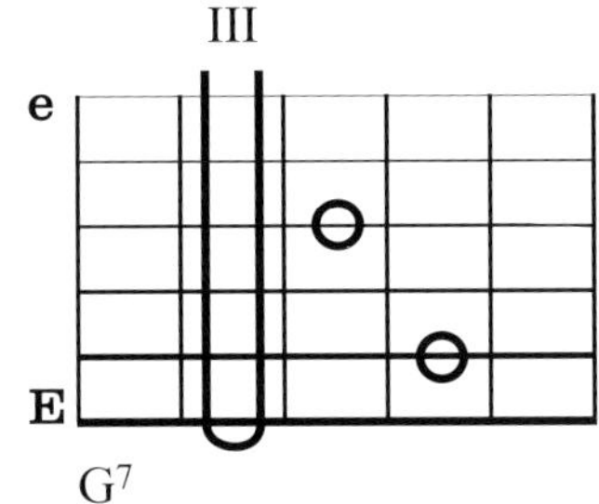

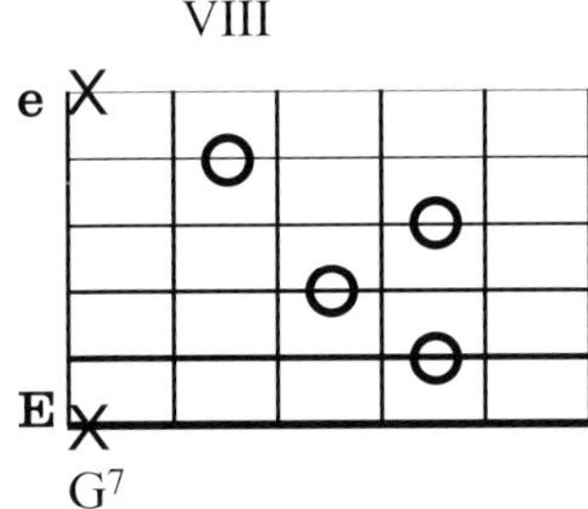

min7/b5

Im Bmin7/b5-Akkord ist bei unserem „Dreisprung" B - F - A - D das einzigartige Phänomen eingetreten, dass wir in einem Akkord zwei kleine Terzen (also 3 Halbtöne) schichten. In diesem Fall sind es statt wie üblich 7 eben nur 6 Halbtöne vom Grundton zur Quinte. Und so können wir die etwas unübersichtliche Akkordbezeichnung aufdröseln: Wegen der ersten kleinen Terz handelt es sich um einen Moll-Akkord. Wegen der verminderten Quinte (6 Halbtöne) bekommt er den Zusatz „b5" für die Verminderung der 5 (Quinte) um einen Halbton. Und die Septime ist zwei Halbtöne von der Oktave des Grundtons entfernt, daher nur 7 und nicht maj7. Gesprochen würde das nun B-Moll-Sieben-b-Fünf, geschrieben **Bmin7/b5**. Der Schrägstrich kann auch entfallen. Eine weitere gebräuchliche Schreibweise ist **Bø**. Solche Akkorde werden auch als **halbvermindert** bezeichnet.

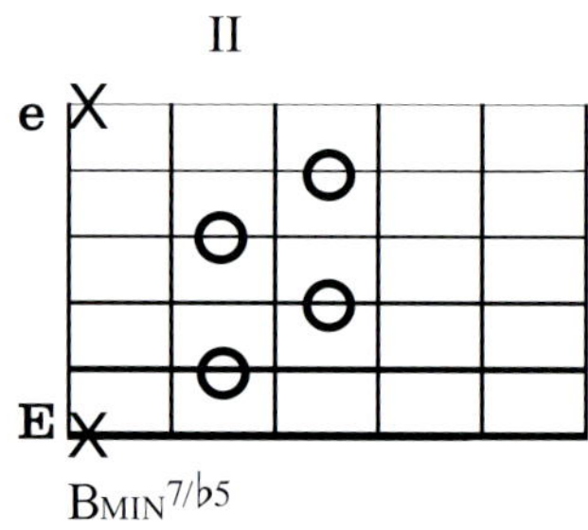

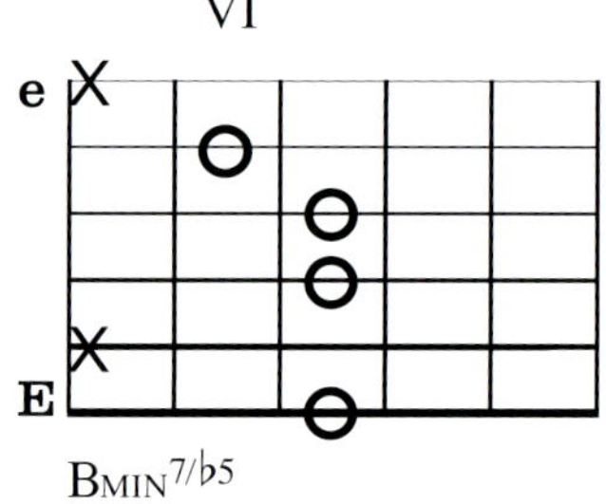

Drei- statt Vierklang?
Noch eine Anmerkung!

Weniger ist manchmal mehr. Wie schon erwähnt, muss es nicht immer ein Vierklang sein, ein Dreiklang tut es nicht zu selten auch. C-Dur statt Cmaj7? Geht fast immer. G-Dur statt G7? Kann funktionieren. Amin statt Amin7? Ja, klar. Bmin statt Bmin7/b5? Das geht schief! Was gerade Ein- und Umsteiger in den Jazz gerne mal falsch machen, ist die „Begradigung" eines min7/b5-Akkords zu einem Moll-Dreiklang. Wir werden im Folgenden noch allerhand sogenannte Erweiterungen (auch Extensions oder Alterierungen) für die Vierklänge kennenlernen. Aber die verminderte Quinte b5 ist keine solche Erweiterung, sondern ein **essenzieller Baustein** des Akkordes auf der VII. Stufe der C-Dur-Tonleiter. Wer aus Unkenntnis oder Faulheit statt Bmin7/b5 nur Bmin spielt, holt sich einen falschen Ton (F# statt F in den Song. Also, Finger weg von der b5!

Praxis auf der Gitarre 1

Vom Akkord zum Voicing

Nicht alles, was auf dem Klavier geht, funktioniert auch auf der Gitarre: So schön gepackt, wie ich Euch die Akkorde in der Notenzeile dargestellt hatte, sind sie auf der Gitarre nur selten spielbar. Beim Akkord Cmaj7 auf der I. Stufe funktioniert das Umsetzen auf das Griffbrett noch, beim Dmin7 sieht es schon anders aus:

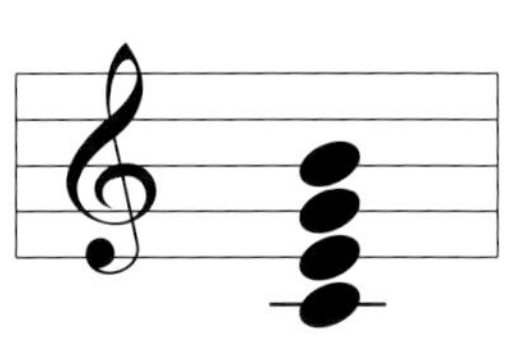

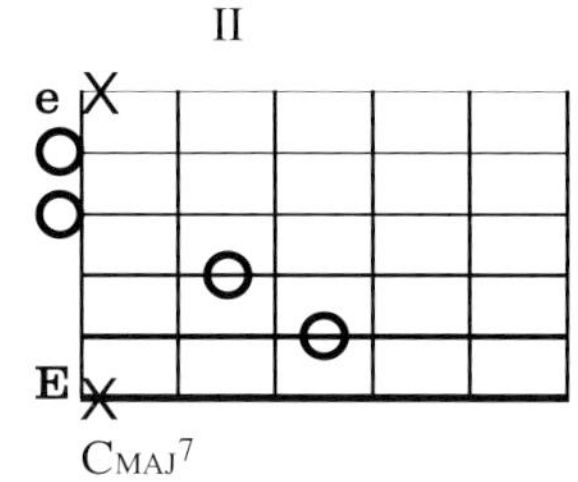

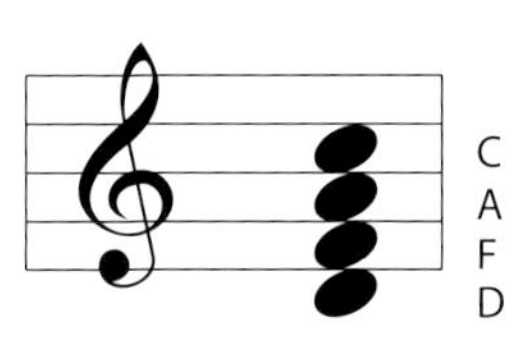

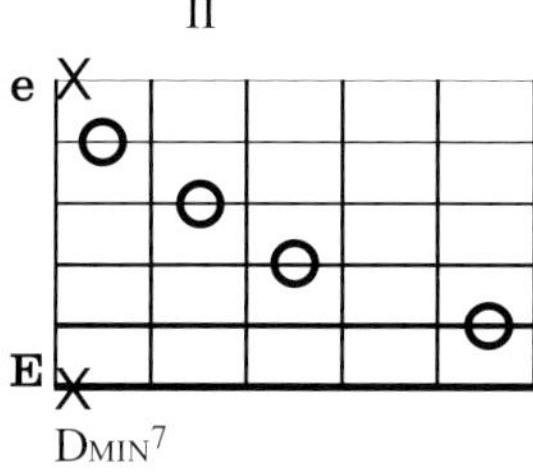

Dieser auf dem Klavier sehr bequem zu spielende Akkord bedürfte zum Greifen auf der Gitarre schon einer außergewöhnlich großen linken Hand! Von daher müssen die Töne der Vierklänge, die wir in C-Dur entwickelt haben, auf dem Griffbrett in greifbarer Reihenfolge (das sind dann sogenannte Umkehrungen) angeordnet werden, dass sie den gewünschten Akkord ergeben. Ich habe Euch für alle vier Akkordtypen maj7, min7, 7 und min7/b5 hier mal jeweils einen Griff abgedruckt, der stets den namensgebenden **Grundton auf der tiefen E-Saite** hat:

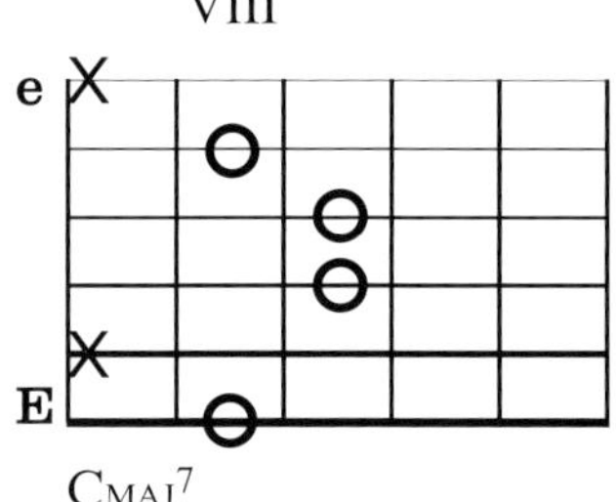

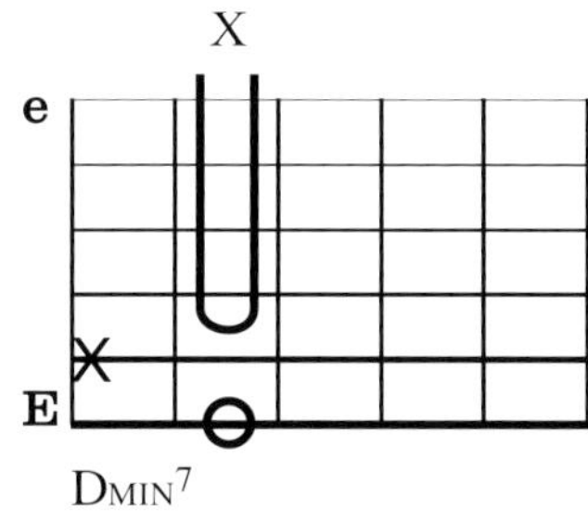

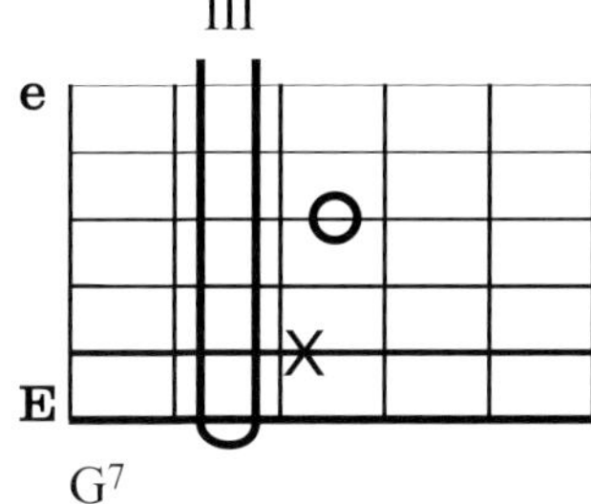

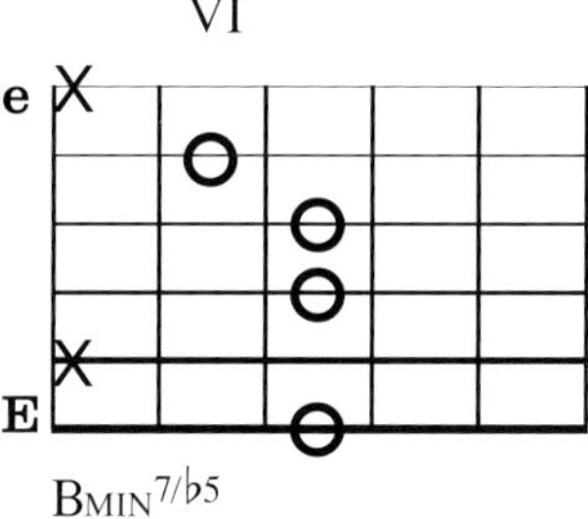

Die obigen Akkorde sind natürlich nur beispielhaft für den jeweiligen Typ gewählt. Wie immer kann durch Verschieben auf dem Griffbrett jeder beliebige Griff desselben Typus erzeugt werden. Wenn Ihr beispielsweise das abgebildete G7 um einen Halbton (= 1 Bund) nach rechts, also Richtung Schallloch (Tonabnehmer, Steg…) verschiebt, erhaltet Ihr ein G#7 bzw. ein Ab7. Zu den Akkorden Dmin7 und G7 ist anzumerken:

Zunächst sind in beiden Akkorden fünf gültige Töne notiert, einer mehr, als wir mit vier Zupffingern überhaupt erklingen lassen können. Das wird auch in folgenden Akkorddiagrammen immer wieder vorkommen. Ihr dürft in solchen Fällen selbst entscheiden, welche „Vier aus Fünf" Ihr erklingen lassen wollt, das ist wie so oft eine Sache des Geschmacks.

Zum Greifen des Dmin7 verwenden wir **Mittel- und Ringfinger** der linken Hand, nicht den Zeigefinger. Das ist am Anfang etwas ungewohnt, bewährt sich aber auf Dauer, insbesondere bei bestimmten Wechseln. Das G7 in der dritten Lage ist nur eine von vielen möglichen G7-Voicings, die anderen werde ich Euch noch vorstellen, versprochen!

Wenn Ihr nun von jedem Akkordtypus noch ein weiteres Voicing verinnerlicht, könnt Ihr mit diesen gerade mal acht Griffen schon einen Großteil der in Jazzstandards vorkommenden Akkorde intonieren. Hier nun wiederum die bereits vorgestellten Akkorde, diesmal jeweils mit dem **Grundton auf der A-Saite**:

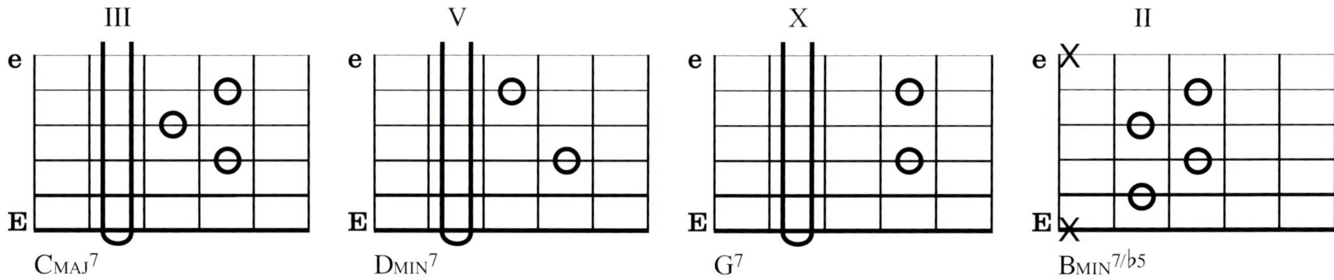

Beachtet bitte: Bei allen drei Barre-Akkorden Cmaj7, Dmin7 und G7 liegt der Grundton auf der A-Saite, nicht auf der tiefen E-Saite. Ich habe mich dennoch, und das halte ich generell in diesem Haft so, dafür entschieden, die jeweilige Quinte auf der E-Saite nicht auszu-x-en, da der Ton ja legitimer Bestandteil des Akkords ist und ja an sich nicht falsch. Dennoch müsst Ihr darauf bedacht sein, eben die A- und nicht die tiefe E-Saite erklingen zu lassen!

Im weiteren Verlauf dieses Heftes werde ich bisweilen noch andere Griffe für die vier vorgestellten Akkordtypen vorstellen, insbesondere Varianten ausschließlich auf den hohen vier Saiten. Es empfiehlt sich von daher, immer wieder mal ins letzte Kapitel zu schauen, wo für jeden Akkord eine ordentliche Anzahl an unterschiedlichen Griffen zusammengestellt wurde.

Die bisher gezeigten Akkordtypen sind alle entstanden, indem wir aus dem Tonvorrat der C-Dur-Tonleiter durch Terzentürmen Vierklänge geschaffen haben, deren jeweiliger Typ sich also sozusagen automatisch ergab. Da gibt es aber auch noch andere...

Verminderte Akkorde

Verminderte (wie später auch übermäßige) Akkorde entstehen nicht auf „natürliche" Weise, also nicht durch Terzschichtung (naja, zumindest nicht in der vorgestellten Form, Terzen sind es schon...) in einer Durtonleiter. Wobei hier Musikerkollegen, die ihren Tonvorrat aus Skalen wie Harmonisch-Moll oder Melodisch-Moll schöpfen, zu Recht Einspruch erheben werden, denn in solchen Skalen entstehen durch Terzentürmen die wildesten Akkorde. Aber so weit will ich an dieser Stelle nicht gehen.

Die Bezeichnung „vermindert" (engl.: diminished) kommt offensichtlich vom Abstand Grundton–Quinte, der bei „normalen" Dur- und Mollakkorden sieben Halbtöne beträgt. Ein Durakkord besteht bis zur Quinte aus einer großen plus einer kleinen Terz (4 + 3 Halbtöne), ein Mollakkord aus einer kleinen plus einer großen Terz (3 + 4 Halbtöne). Im Fall der verminderten Akkorde beträgt der Abstand Grundton–Quinte dagegen nur sechs Halbtöne (kleine Terz plus kleine Terz, also 3 + 3), die Quinte ist daher vermindert. Damit sollte an dieser Stelle schon klar sein, warum die später behandelten übermäßigen Akkorde eben diese Bezeichnung tragen.

Wir können uns einen C-Vermindert (oder Cdim, C°) einfach basteln, indem wir auf den Ton C kleine Terzen schichten, also C - Eb - Gb - A. Da dieser Vierklang, egal ab welchem seiner einzelnen Töne gespielt, stets der selbe ist, haben wir auf diese Weise gleich drei weitere Akkorde geschaffen, nämlich Eb°, Gb° und A°. Wir verwenden überwiegend die folgenden Griffe für diese Monster:

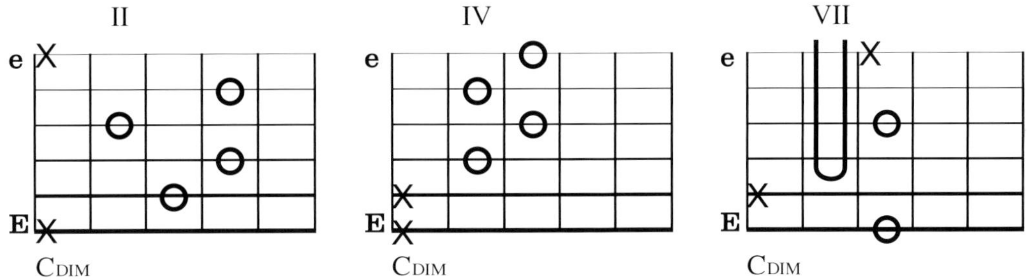

Wer mehr braucht, möge sich selbst welche bauen, ich bin die letzten 20 Jahre mit eben diesen dreien gut zurecht gekommen. Unbedingt die Griffe um kleine Terzen (also um drei Bünde) auf dem Griffbrett verschieben (was den Akkord ja bauartbedingt nicht ändert!) und gegebenenfalls auch die Griffart wechseln. Auf die Funktion von verminderten Akkorden in Verbindungen wird noch im Speziellen eingegangen, wobei dies ein wirklich weites Feld ist und den Rahmen dieses Heftes bei umfassender Betrachtung sprengen würde!

Bisweilen findet Ihr die jeweilige Akkordbezeichnung noch mit einer 7 versehen, also Cdim7 statt Cdim. Dies ist korrekt, denn ein Dreiklang C-Eb-Gb würde auch schon als „vermindert" bezeichnet werden und die Angabe der kleinen Septime vervollständigt die Beschreibung des Vierklangs C-Eb-Gb-A, welcher dann aus den Stufen 1-b3-b5-bb7 besteht. Wie bei den Intervallen erwähnt, kann eine kleine Septime (b7, aber nur als 7 in der Akkordsymbolschrift) nochmals um einen Halbton erniedrigt werden, was dann zur Bezeichnung bb7 führt.

Allerdings wäre der Dreiklang Cdim baugleich mit einem Cmin/b5, da sich die verminderten von den halbverminderten Akkorden eben nur in der Septime unterscheiden. Weil wir im Jazz aber beide Akkordtypen brauchen und üblicherweise Vier- und nicht Dreiklänge verwenden, kann die Angabe 7 bei den verminderten Akkorden entfallen.

An dieser Stelle sei nur darauf hingewiesen, dass die meisten Exemplare im Jazz als Umkehrung eines Dominantseptakkordes eingesetzt werden. Sobald wir den Typus 7/b9 kennenlernen, sollten wir uns wieder an die verminderten Akkorde erinnern.

Übermäßige Akkorde

Statt kleiner Terzen schichten wir nun bei den übermäßigen (engl.: augmented) Akkorden große Terzen (4 Halbtöne) aufeinander. Technisch bedingt entstehen bei der stumpfen Addition von großen Terzen nur Drei- und keine Vierklänge, da wir nach der dritten Terz 12 Halbtöne und damit wieder unseren Grundton (eine Oktave höher) erreicht haben. Auf dem Grundton C basierend wird der so entstandene Akkord C-Übermäßig (oder Caug, C+) bezeichnet.

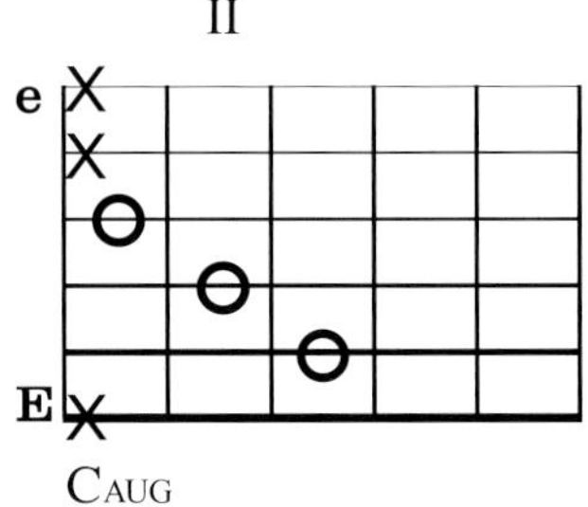

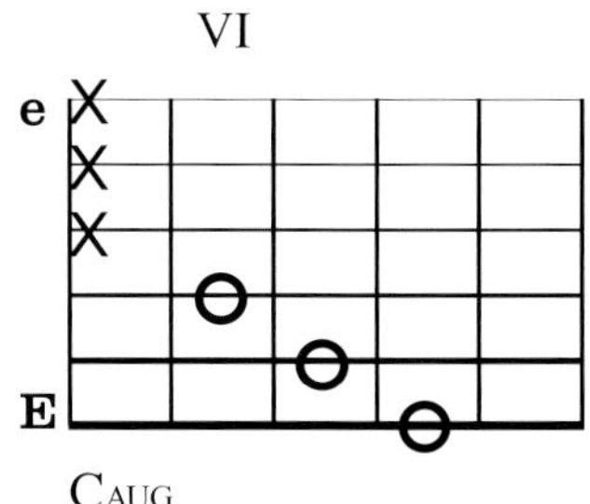

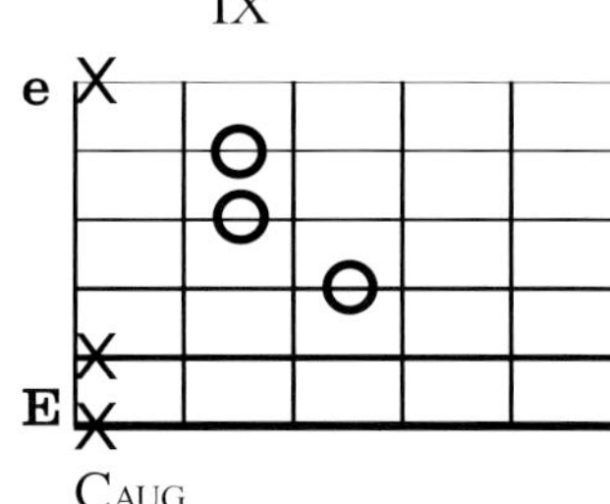

Nun benötigt man bei der Begleitung oder auch beim Fingerstyle bisweilen Vier- statt Dreiklänge, oft einfach, um den Sound etwas „dicker“ zu machen. Es ist natürlich zulässig, jeden der drei Akkordtöne zu doppeln. Hier nun also die drei eben abgebildeten Akkorde mit jeweils zweifachem C:

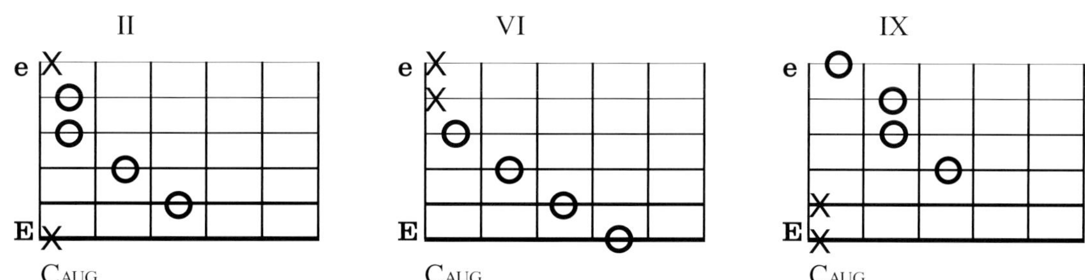

Ähnlich wie bei den verminderten Akkorden sind hier in einem Dreiklang auch gleich zwei weitere enthalten, da es wegen des symmetrischen Aufbaus egal ist, nach welchem der enthaltenen Töne der Akkord benannt ist. So ist ein Caug gleichzeitig ein Eaug und ein G#aug. Man findet diese Umkehrungen, indem man irgendeinen der oben abgebildeten Griffe um eine große Terz (vier Halbtöne bzw. vier Bünde) verschiebt – egal in welche Richtung. Ebenso können alle möglichen übermäßigen Akkorde durch einfaches Verschieben des Griffes erzeugt werden.

Verschiebt man also z. B. einen der abgebildeten Akkorde um einen Bund nach rechts (das C wird zum C#), so erhält man die Dreiklänge C#aug, Faug und Aaug. Ist doch schick, oder?

Häufig werden übermäßige Akkorde als Dominanten in Moll-Verbindungen eingesetzt. Sobald wir den Typus 7/b13 kennenlernen, sollten wir uns wieder an die übermäßigen Akkorde erinnern.

Erster Praxistest

Hier ist der Standard „All Of Me“ von den Komponisten Gerald Marks & Seymour Simons aus dem Jahr 1931 abgebildet. Versucht die (etwas vereinfacht notierte) Begleitung dieses Songs mit den bis dato gelernten Akkorden zu spielen, wobei Ihr stets für einen min-Akkord einen min7 nehmen dürft.

Mit der rechten Hand spielt Ihr stets Viertel als Downstrokes, was sich als originäre Swingbegleitung „Four to the bar“ nennt.

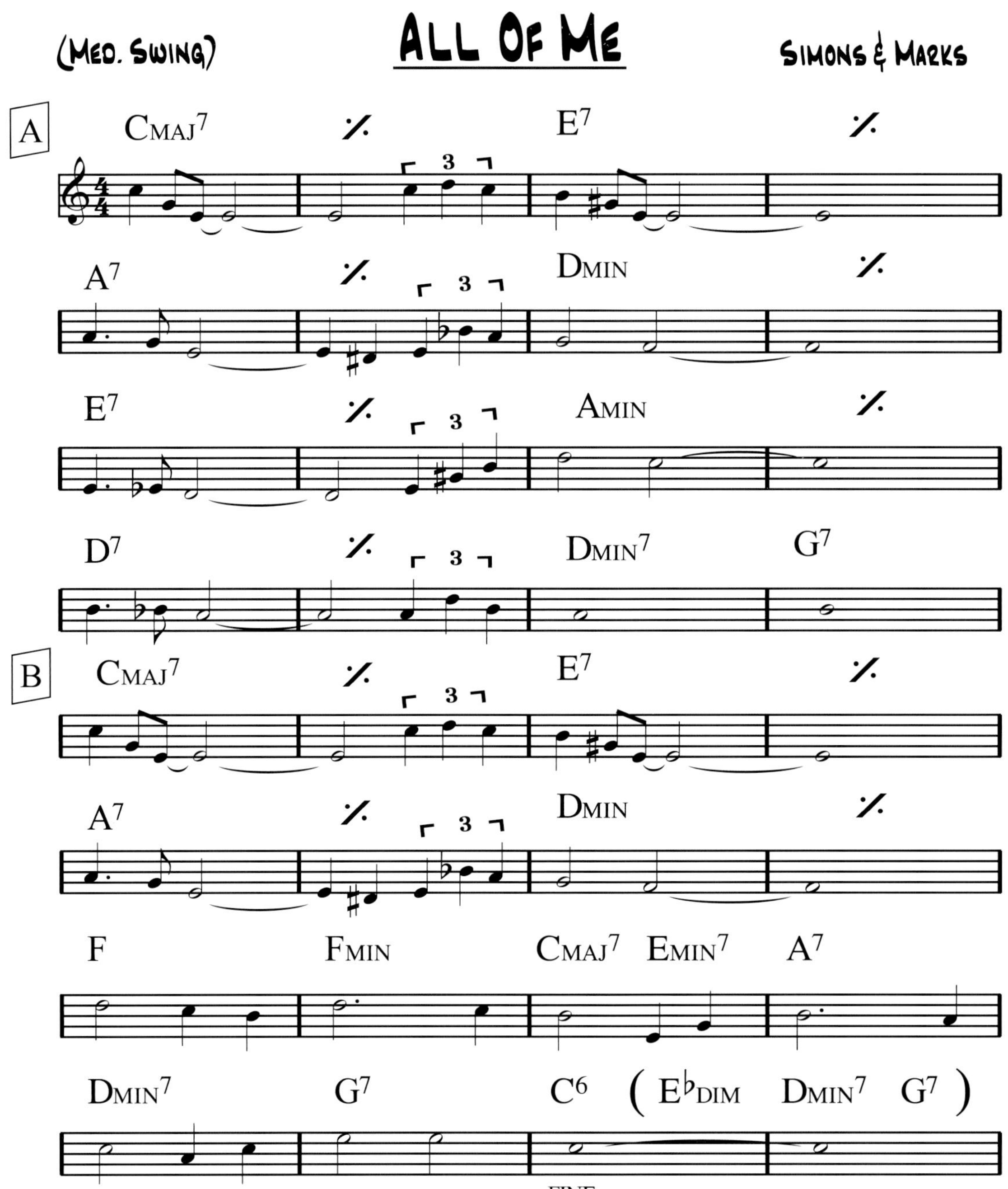
(Med. Swing)
All Of Me
Simons & Marks
A
Cmaj7
E7
A7
Dmin
E7
Amin
D7
Dmin7 G7
B
Cmaj7
E7
A7
Dmin
F
Fmin
Cmaj7 Emin7
A7
Dmin7
G7
C6 (E♭dim Dmin7 G7)
3
FINE

Begleitung im Ensemble

Streit vermeiden

Am besten ist immer, das in der Theorie Erlernte möglichst schnell einer praktischen Bewährungsprobe zu unterziehen. All die in den Realbooks notierten Standards müssen vor allem eins: Gespielt werden! Und besser noch als die Kontrolle des Geübten durch eine Aufnahme ist es, einen Song in einer Band oder Combo, eben in einem Ensemble zu spielen. Fehler oder Ungenauigkeiten werden sofort vom Kollektiv geahndet und können umgehend korrigiert werden. Allerdings werdet Ihr feststellen, dass Bassisten oder auch Pianisten schnell säuerlich reagieren, wenn Ihr in ihren Frequenzen „wildert“, zum Beispiel also permanent tiefere Töne spielt, die eigentlich dem Bass vorbehalten sind. Immerhin ist das tiefe G der Gitarre derselbe Ton, den Bassisten auf ihrer G-Saite haben, somit kommt man sich da durchaus ins Gehege, um bei den Jagdmetaphern zu bleiben.

Der Vorwurf an die Gitarre, klanglich dem Klavier oder dem Bass zu nahe zu kommen, ist ein immergrünes Thema in den Jazzcombos. Pianisten, die immerhin ja einen Tonumfang von mehr als sieben Oktaven verwalten, haben an uns Gitarristen ohnehin traditionell etwas auszusetzen, aber für das Zusammenspiel mit Bassisten gibt es eine einfache Verhaltensregel, die hilft, den Streit um doppelt besetzte Frequenzbereiche zu vermeiden: Wir lassen bei unseren Akkorden die Basssaiten weg! Wobei ich in diesem Fall die D-Saite nicht zu den Basssaiten rechnen möchte, da uns ansonsten wenig zum Spielen bleibt.

Für den Anfang mag es genügen, bei den acht vorgestellten Griffen einfach beim Anschlagen E- und A-Saite nicht zu berühren, aber ich stelle Euch dennoch einige neue Griffe vor, die den jeweiligen Vierklang auf den **hohen vier Saiten** abbilden. Die erwähnten Varianten der bereits vorgestellten Griffe (also ohne tiefe E- und A-Saite) seien Eurer Imagination überlassen und nicht im Folgenden abgebildet. Die Sortierung entspricht der Reihenfolge ihrer Einführung beim Terzentürmen. In der reinen Form als Vierklänge habe ich von Cmaj7 wesentlich mehr Voicings gefunden als beispielsweise von den min7- oder min7/b5-Akkorden. Wenn wir in einem späteren Kapitel auf Mehrfachdeutungen zu sprechen kommen, wird sich das wieder etwas ausgleichen.

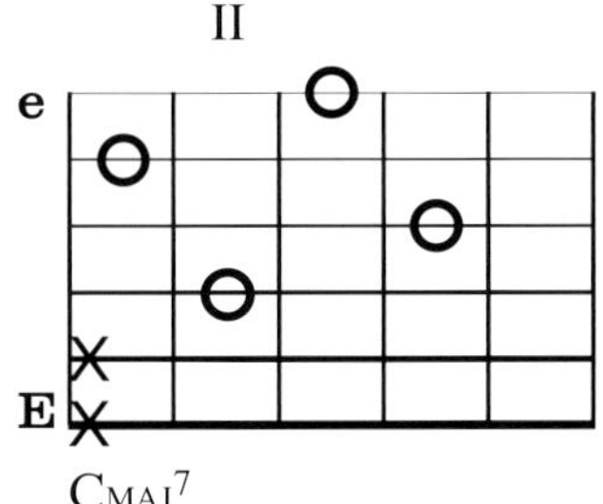

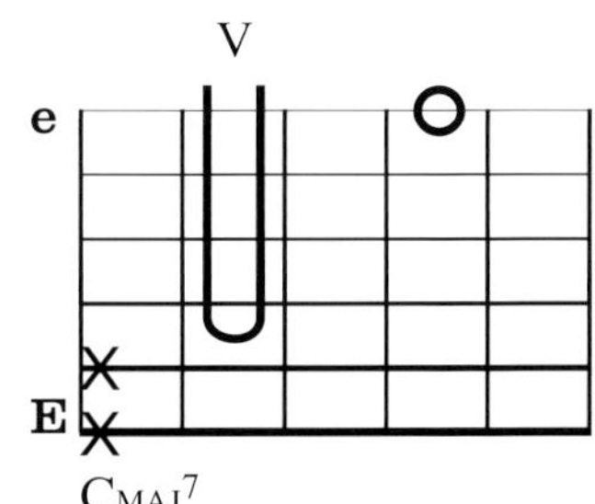

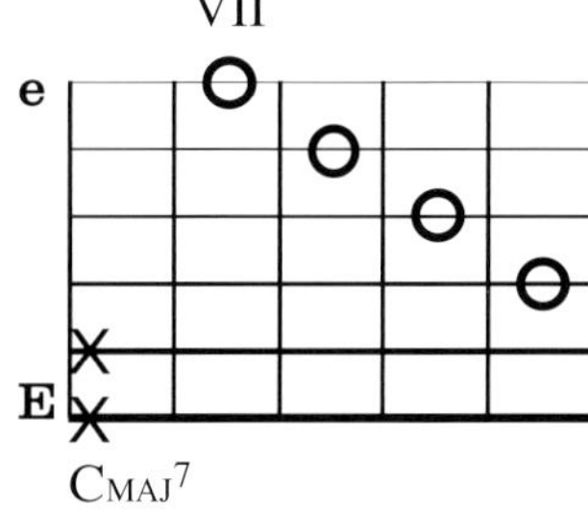

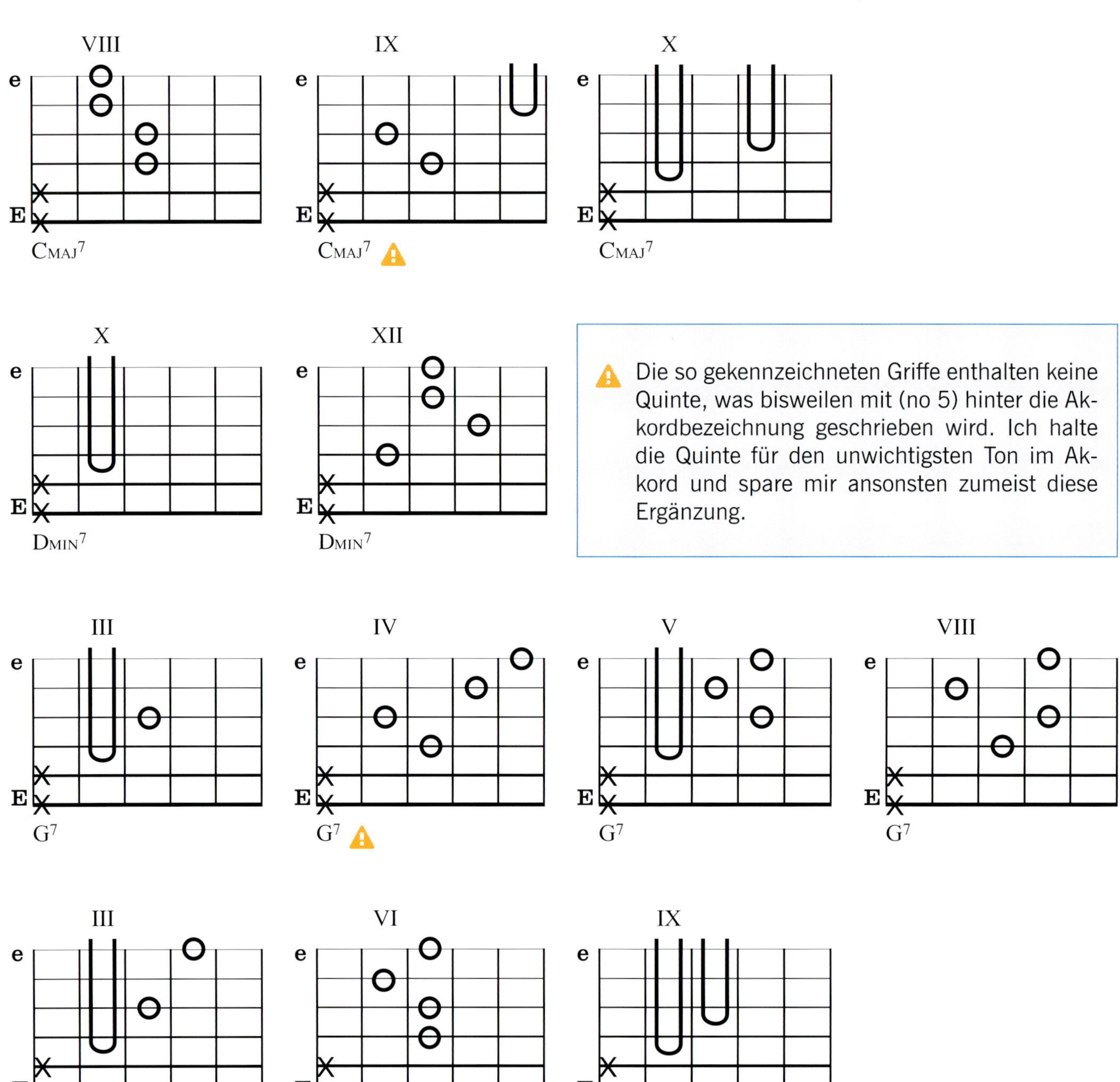

⚠ Die so gekennzeichneten Griffe enthalten keine Quinte, was bisweilen mit (no 5) hinter die Akkordbezeichnung geschrieben wird. Ich halte die Quinte für den unwichtigsten Ton im Akkord und spare mir ansonsten zumeist diese Ergänzung.

Das Gelernte anwenden

Natürlich müsst Ihr die in diesem Kapitel vorgestellten Griffe an alle möglichen Positionen verschieben und somit transponieren. Eine wirklich sinnvolle – wenn auch durchaus schwierige – Übung ist es, den Standard „All Of Me“ (siehe Seite 27) ausschließlich mit Akkorden auf den hohen vier Saiten zu begleiten.

Bisweilen wird dies in eine ziemliche Quälerei und auch in ein wildes Geschiebe ausarten, weil wir eben zum Beispiel von den Moll7-Akkorden im Moment einfach zu wenige Voicings kennen. Nehmt daher auch ruhig für etwa ein Dmin7 den Griff in Lage V, eben ohne dass der Grundton auf der A-Saite mitklingt.

Erfahrene Mitmusiker werden Euch übrigens die Mühe um eine soundmäßig „schlanke“ Begleitung danken, weil Ihr den jeweiligen Instrumenten so eben Raum gebt.

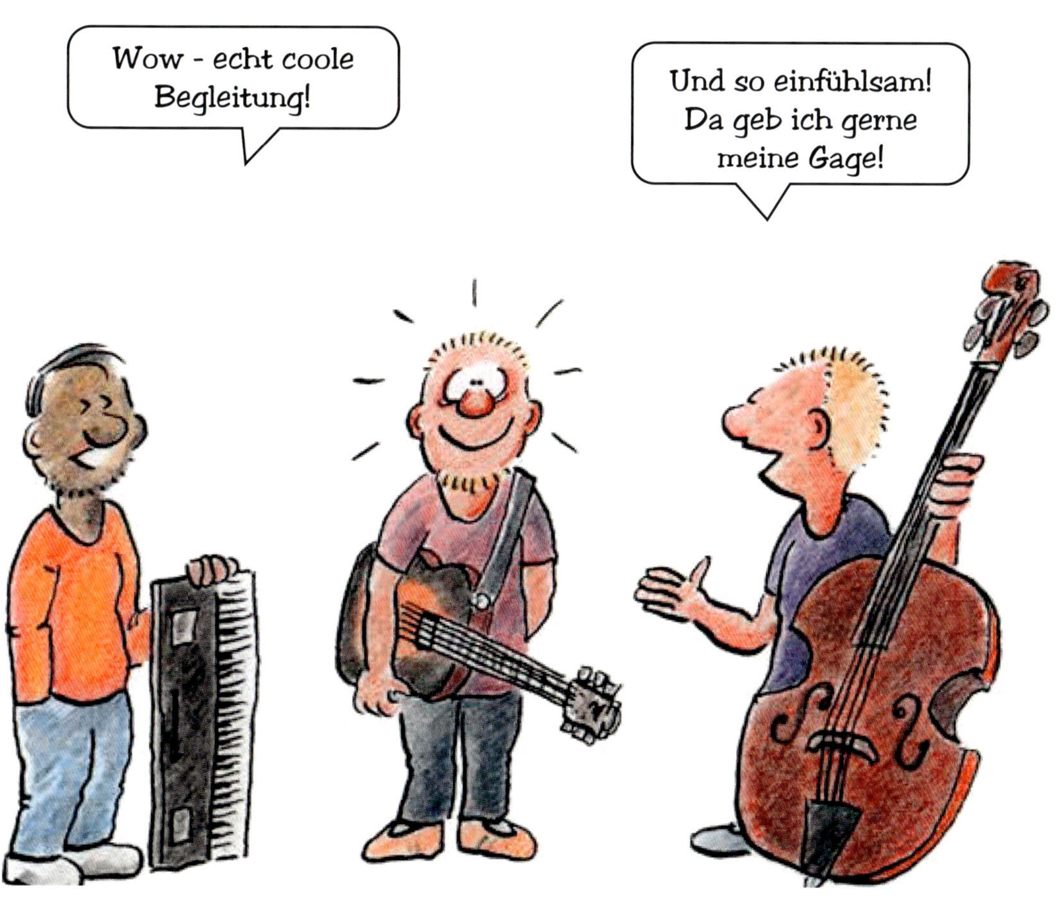

Herleitung aus den Lagerfeuerakkorden

Ich hatte Euch die vier Akkordtypen maj7, min7, 7 und min7/b5 durch das Terzentürmen in der C-Dur-Tonleiter erklärt, was auch der durchaus gangbare Weg ist. Allerdings bis jetzt nur jeweils zwei unterschiedliche Griffe pro Akkordtyp, damit Ihr zügig zum Spielen kommt. Falls Ihr schon in den Anhang geschaut habt, wisst Ihr bereits, dass es noch einige Griffe mehr pro Akkordtyp gibt, so wie Ihr es wahrscheinlich schon von den Dreiklängen her kennt. Ich möchte Euch jetzt eine eher „mechanische" Methode zeigen, wie Ihr zum Beispiel etliche maj7-Akkorde aus den allseits bekannten „Lagerfeuer-Griffen", was keinesfalls abfällig gemeint ist, herleiten könnt.

Direkt einen Halbton (also einen Bund weiter links) unter dem namensgebenden Grundton eines Akkords befindet sich die große Septime, die maj7. Eigentlich natürlich elf Bünde weiter rechts, aber das ist ein zu weiter Weg. Es soll uns auf den Ton ankommen, nicht auf seine absolute Position. Beim Cmaj7 ist die große Septime der Ton B, es gibt in der Akkordsymbolschrift keine Vorschrift, dass dieses B immer tonleiter-aufwärts gefunden werden muss!

Am besten ist es also, wenn in unseren bereits bekannten Dreiklang-Griffen der jeweilige Grundton zweimal vorkommt, so dass wir einen davon zu seiner maj7 machen können, indem wir ihn **einen Bund** weiter nach links verschieben. Das gelingt tatsächlich äußerst geschmeidig bei den wichtigsten Dur-(Lagerfeuer-)Akkorden C, E und A, bei G zwickt es etwas. Die Akkorde D und F sind eigentlich selbst nur (verschobene) Ausschnitte von C bzw. E (siehe folgende Grafiken), aber auch hier funktioniert es wunderbar.

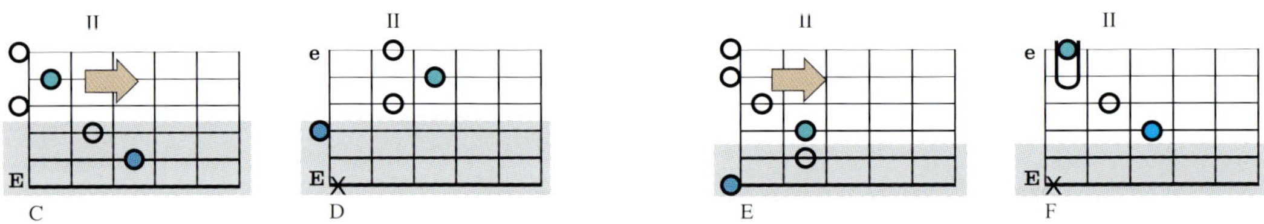

Im Folgenden nun die Herleitung von maj7-Akkorden durch Modifikation des gedoppelten zweiten Grundtons (hellblau) der gängigsten Lagerfeuerakkorde, in der Reihenfolge C-Dur-Tonleiter aufwärts. Ganz rechts habe ich Euch jeweils den Cmaj7 abgedruckt, wie Ihr ihn schon kennt oder im Anhang finden könnt.

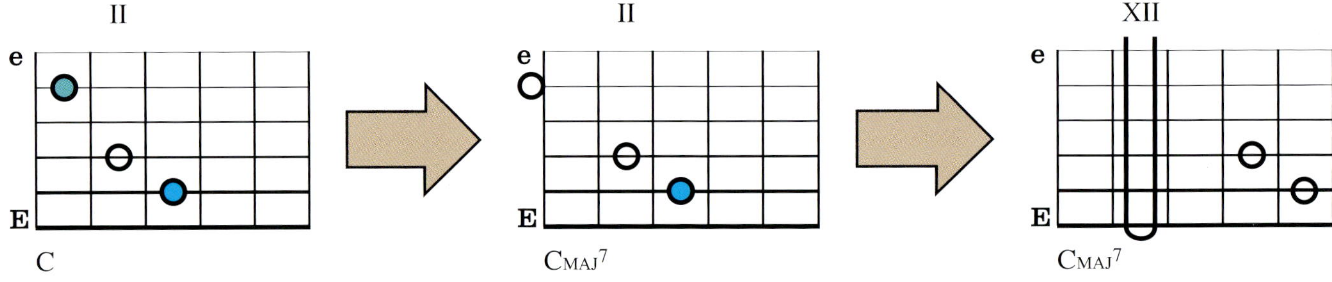

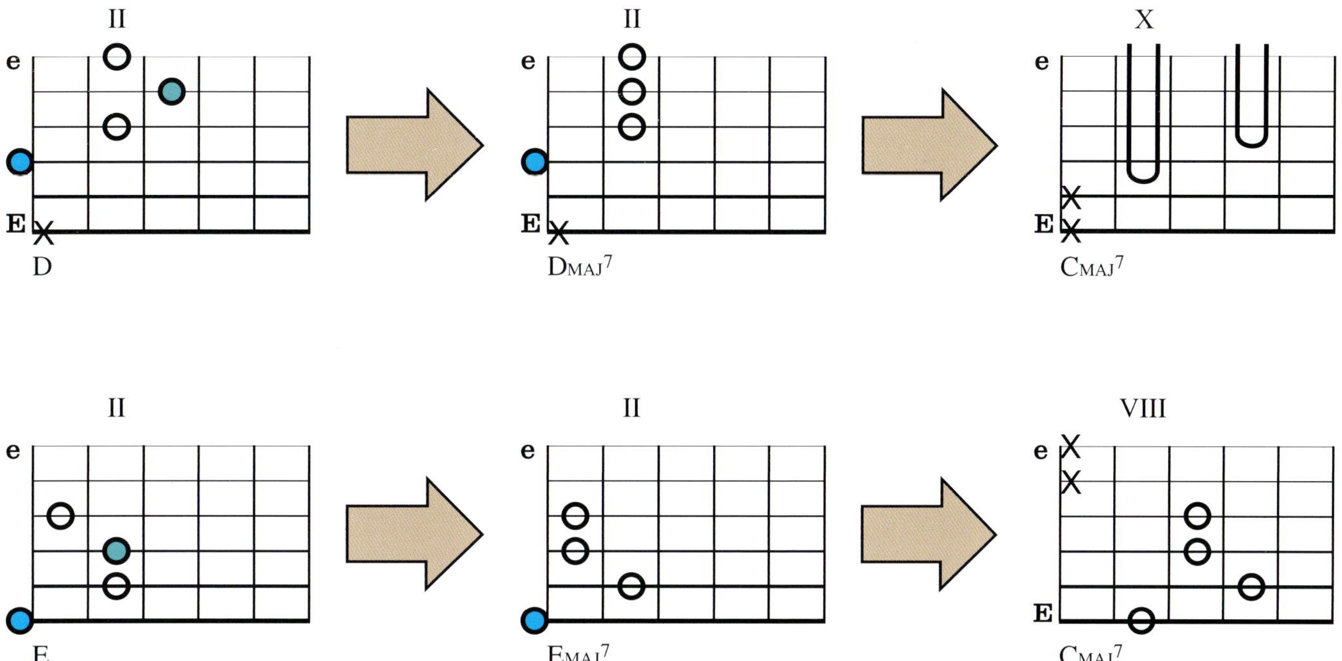

Der abgebildete Cmaj7 in Lage VIII ist selten zu finden, der unten gezeigte Griff mit der Quinte auf der H-Saite dagegen häufiger.

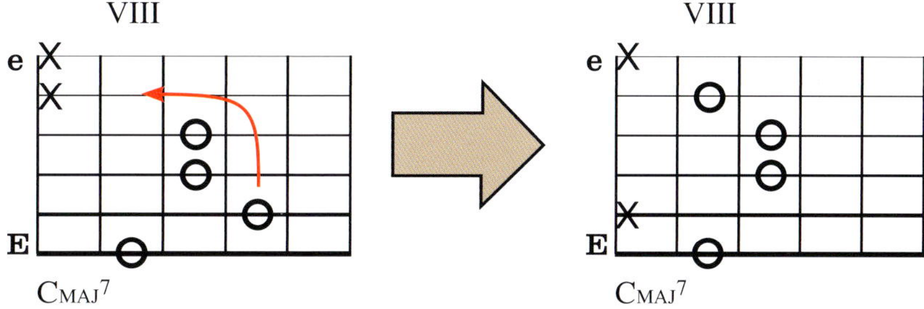

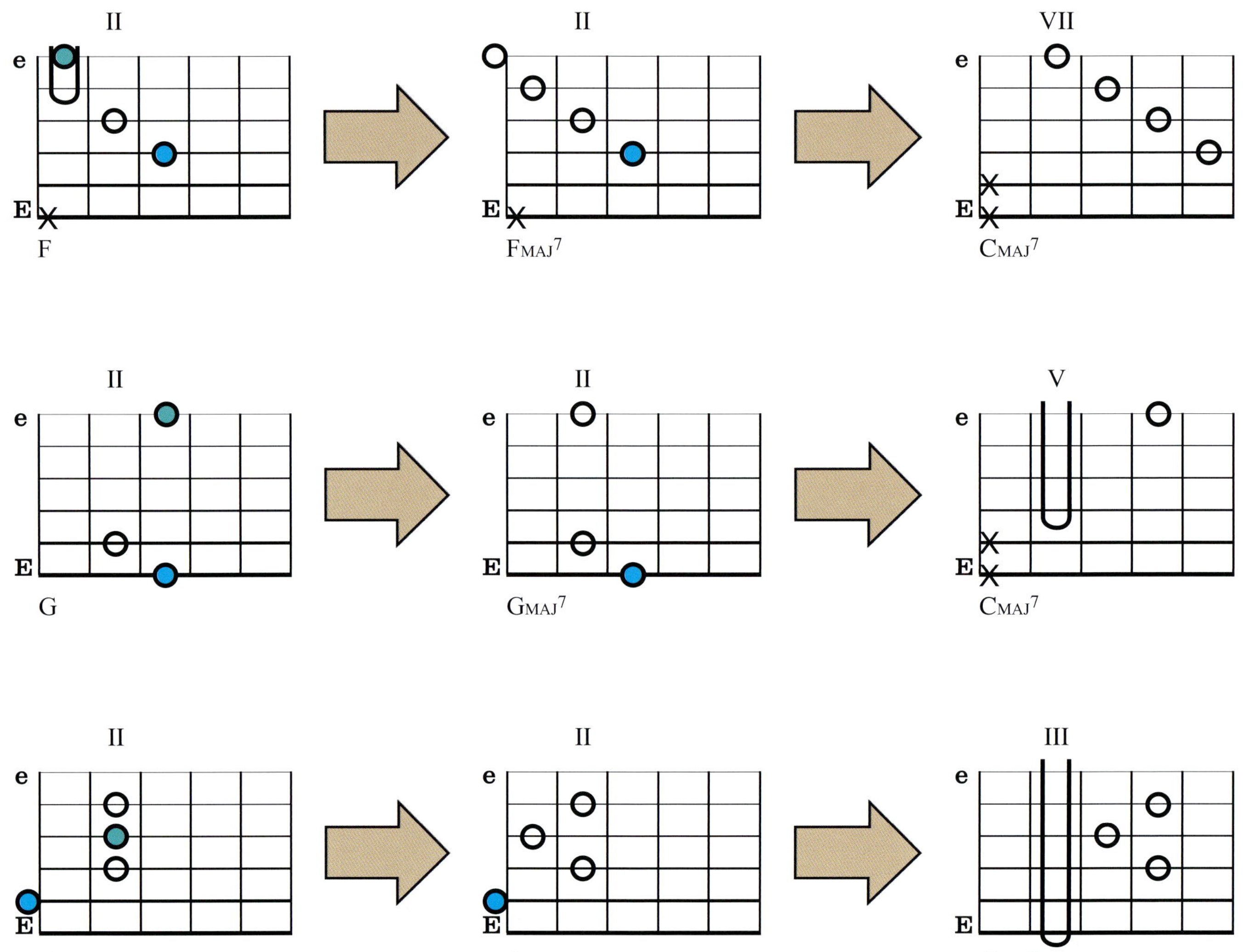
II
e
E
F
II
E
FMAJ7
VII
e
E
CMAJ7
II
e
E
G
II
e
E
GMAJ7
V
e
E
CMAJ7
II
e
E
A
II
e
E
AMAJ
III
e
E
CMAJ7

Die Sache mit dem X – was darf ich (nicht) anschlagen?

Der Umgang mit Leersaiten ist problematisch, ebenso mit Basssaiten bei Barréakkorden. Stets geht es darum, welcher Ton eines Akkordes anzugeben und welcher durch die Kennzeichnung mit X zu verbieten ist. Dies ist schwerlich allgemeingültig zu regeln, so dass ich mir meine eigene Logik zurechtgebogen habe.

Leersaiten sind in diesen Heft nur ausnahmsweise angegeben, weil sonst die Lagerfeuerakkorde nicht darzustellen sind. Das Problem dabei ist nämlich, dass zum Beispiel „offene Akkorde" zwar wesentlich voller und bisweilen auch filigraner klingen als ihre Kollegen, die ohne frei schwingende Saiten auskommen müssen, jedoch in einer anderen Tonart überhaupt nicht mehr funktionieren. Kleines Beispiel:

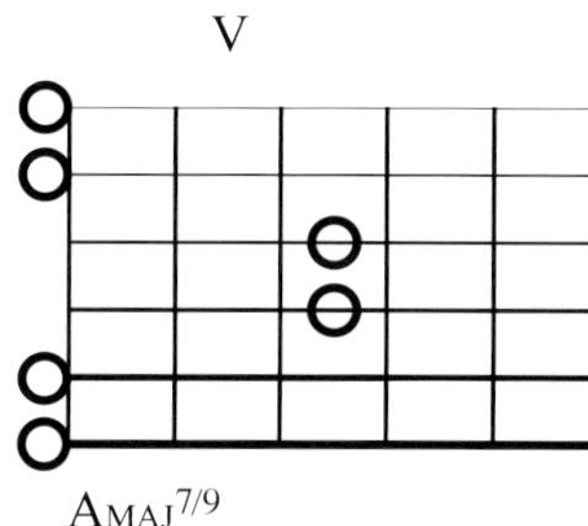

Dieser Griff (ich verwende ihn für meine persönliche Solo-Version von „Triste") klingt fantastisch! Doch wenn meine Bandkollegen dem Song in der Originaltonart (Bb) spielen möchten, kann ich ihn nicht verwenden, weil sich die Leersaiten einfach verschieben lassen.

Manche Gitarristen behelfen sich dann mit einem Kapodaster, insbesondere im Singer/Songwriter-Genre, weil hier die Gitarre oft das einzige Instrument neben der Stimme ist und gerade offene Akkorde dem gewünschten Sound dienlich sind. Im Jazz sind Kapodaster allerdings eher unüblich.

Anders bei den Barréakkorden. Hier halte ich es so: Töne, die nicht unzulässig sind, also in dem durch die Akkordbezeichnung festgelegten Tonvorrat des Akkords enthalten, bleiben stehen. Dies führt dazu, dass man den eben hergeleiteten Cmaj7 in Lage III streng genommen als Cmaj7/G bezeichnen müsste, da ja der Ton G auf der tiefen E-Saite nicht gestrichen (also mit einem X versehen) ist. Auch wenn viele Schüler anfangs im Bass daneben greifen, halte ich dennoch nichts von einer Kennzeichnung bzw. Streichung solcher Töne, da es das Merken, Greifen und Spielen der betreffenden Akkorde unnötig verkompliziert. Besser ist es, Ihr seid Euch bei jedem Akkord immer bewusst, welcher der gerade gegriffenen Töne der Grundton des jeweiligen Akkords ist, falls er überhaupt enthalten ist.

Manch einer mag auch in solchen Fällen einen über nur fünf Saiten gestreckten Barré als Lösung erachten – ich halte nichts davon. Übt lieber, den Grundton zu treffen, was auch mit Plektrum möglich ist, als mühselig drei unterschiedliche (4er, 5er und 6er) Barré einzutrainieren! Zudem müsste man dann bei dem – wohlgemerkt hypothetischen – 5er-Barré auch noch die tiefe E-Saite „killen", was gar nicht so einfach umzusetzen ist!

Auch min7- und 7-Akkorde lassen sich aus gebräuchlichen Dreiklängen herleiten. Diesmal müssen wir jeweils die kleine Septime ergänzen, wofür wir den gedoppelten Grundton um **zwei Bünde** nach links verschieben. Auf der rechten Seite ist wiederum der entsprechende Dmin7- bzw. G7-Griff abgebildet, wie er nach der Herleitung der vier Akkordtypen vorgestellt wurde.

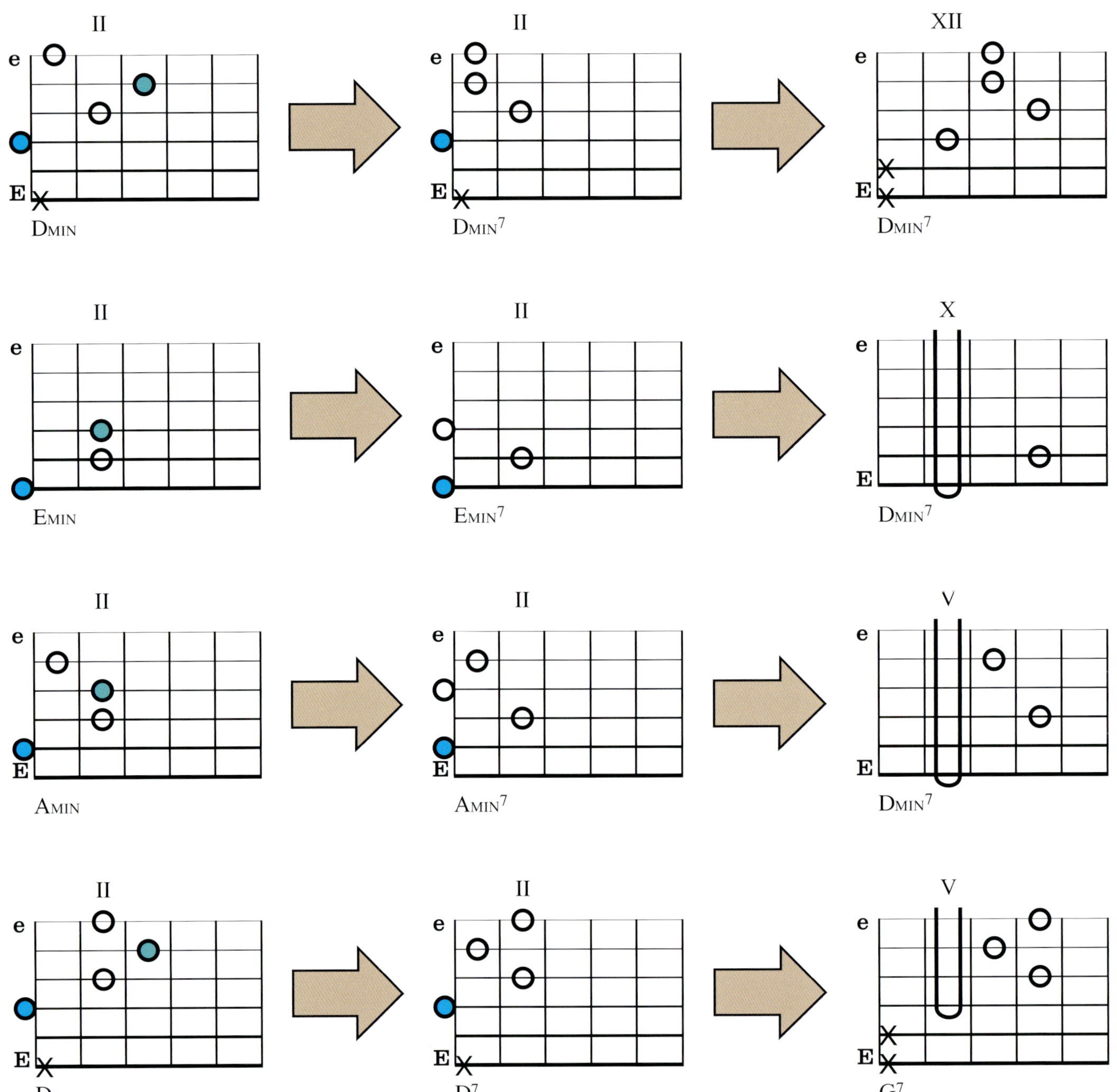
II
e
E
DMIN
II
e
E
DMIN7
XII
e
E
DMIN7
II
e
EMIN
II
e
EMIN7
X
e
E
DMIN7
II
e
E
AMIN
II
e
E
AMIN7
V
e
E
DMIN7
II
e
E
D
II
e
E
D7
V
e
E
G7

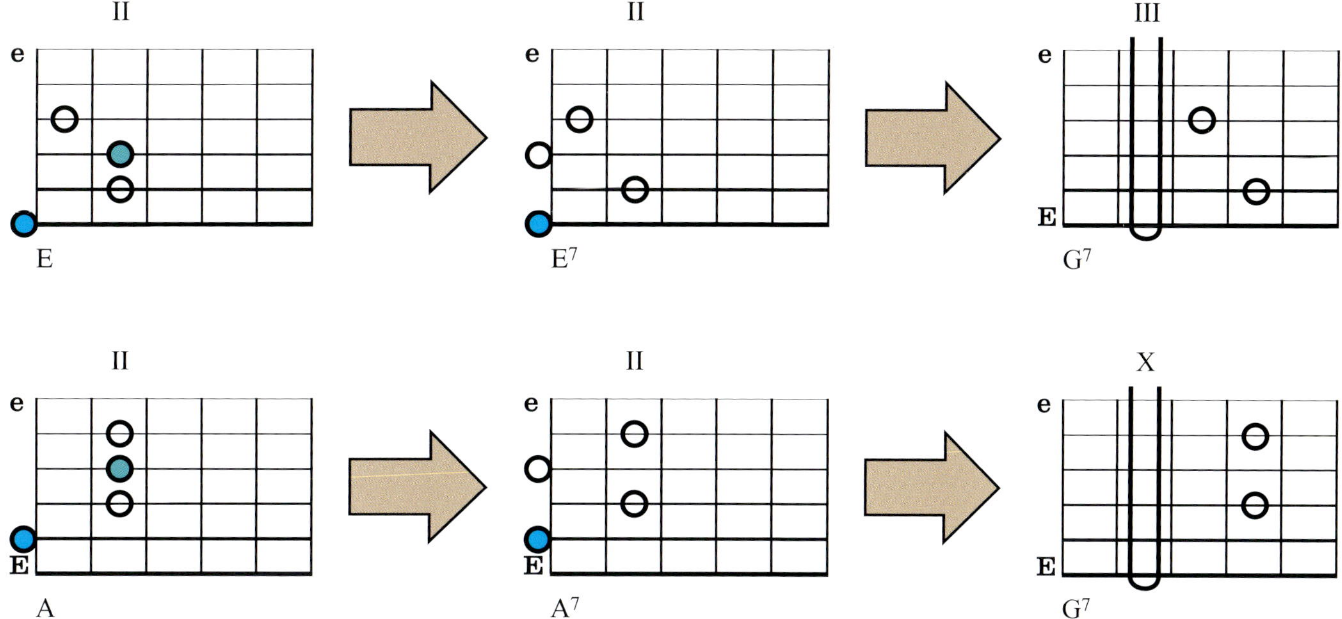

Beim C-Dur-Akkord können wir den Grundton auf der H-Saite nicht mehr um zwei Halbtöne erniedrigen, weshalb wir die Septime auf der G-Saite hinzufügen müssen. Der Ton G (die leere G-Saite) entfällt damit, so dass der entstandene C7-Griff keine Quinte enthält (no 5).

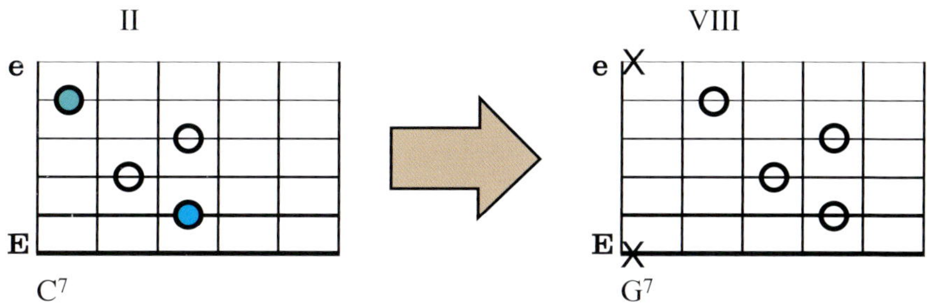

Andere Tonarten

Schiebereien

Bevor wir uns nun den Erweiterungen der bekannten vier Akkordtypen zuwenden, soll das bis jetzt Erlernte natürlich von C-Dur auf alle möglichen Tonarten übertragen werden. Das gestaltet sich glücklicherweise auf der Gitarre nicht allzu kompliziert. Wie Ihr sicherlich wisst, können wir durch einfaches Verschieben jeden Akkord des gleichen Typs erzeugen.

Wenn wir bei den gelernten Griffen jeweils den Grundton und somit den Namensgeber lokalisieren können, schieben wir einfach das ganze Gebilde zu dem gewünschten Ton und erhalten an dieser Stelle den Akkord gleichen Typs, aber eben mit dem ersehnten neuen Grundton. Also ergibt der bekannte Akkord Cmaj7 zwei Bünde nach oben (aus Sicht des Spielers nach rechts) geschoben ein Dmaj7. Das gilt natürlich für alle Voicings:

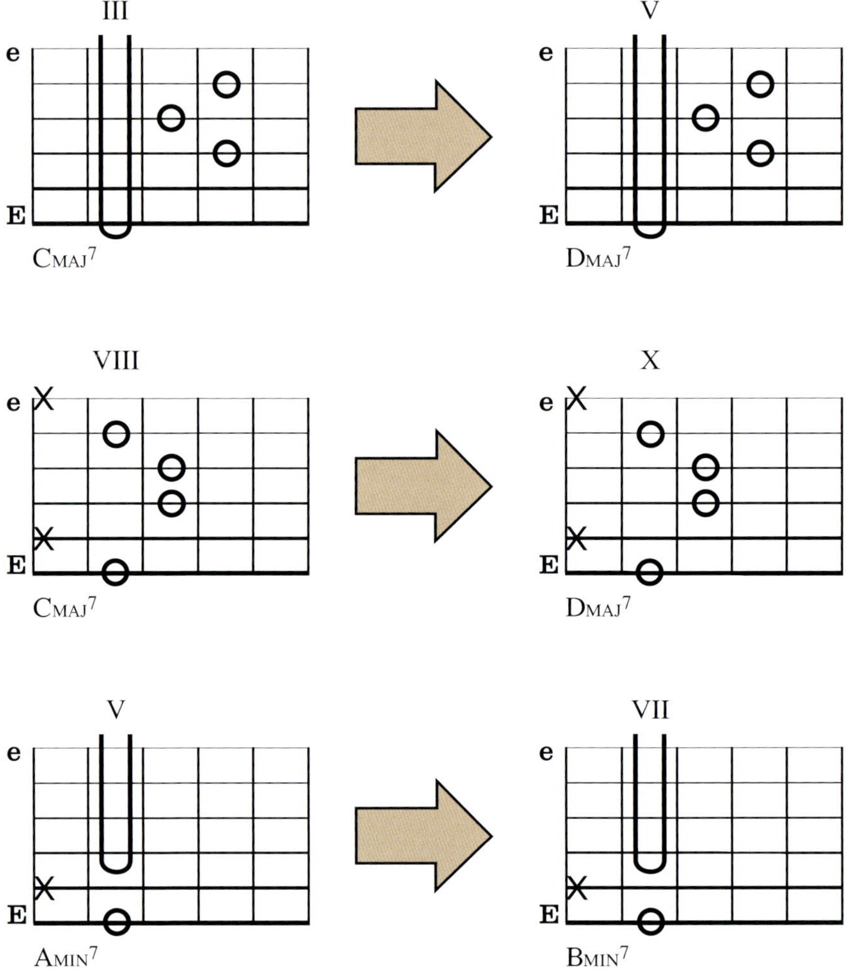

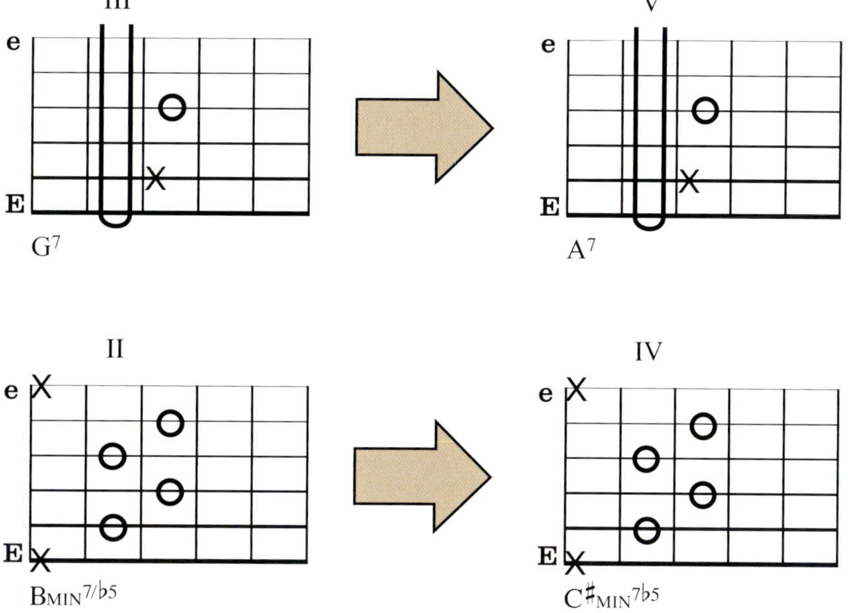

Das Verfahren ist für alle uns bekannten Akkordtypen dasselbe. In den abgebildeten Beispielen wird stets ein Akkord um zwei Bünde nach rechts verschoben (er wird also höher).

Wichtig ist, dass Ihr tatsächlich alle Fingerings aller vier Akkordtypen wirklich gut spielen könnt, natürlich auswendig. Wenn Ihr also die Vorgabe (zum Beispiel von einem Freund, Mitmusiker oder Lehrer) bekommt, Emaj7 zu intonieren, dann solltet Ihr innerhalb von (wenigen!) Sekunden loslegen. Oder Cmin7/b5. Oder Gb7. Oder F#min7. Und so weiter, und so weiter! Ebenso ist es wichtig, dass Ihr übt, Akkordverbindungen (ii-V und 1625) aus C-Dur in andere Tonarten zu verschieben und dies immer für alle Griffarten, die Ihr erlernt habt.

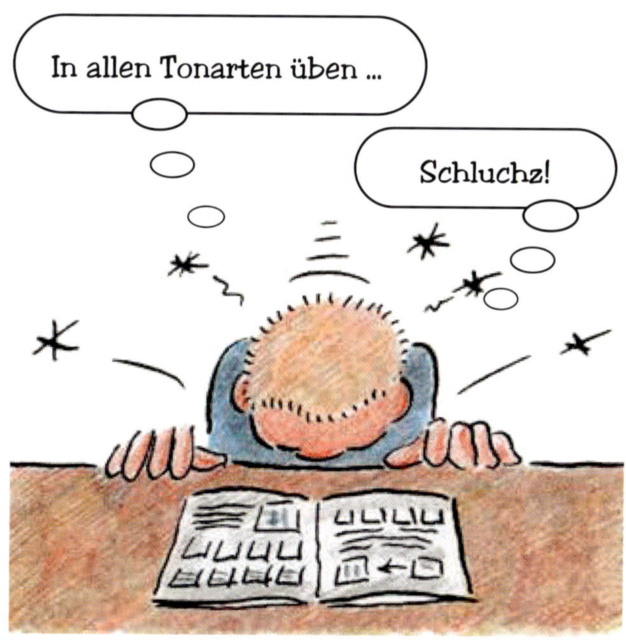

Quintenzirkel und Anwendung

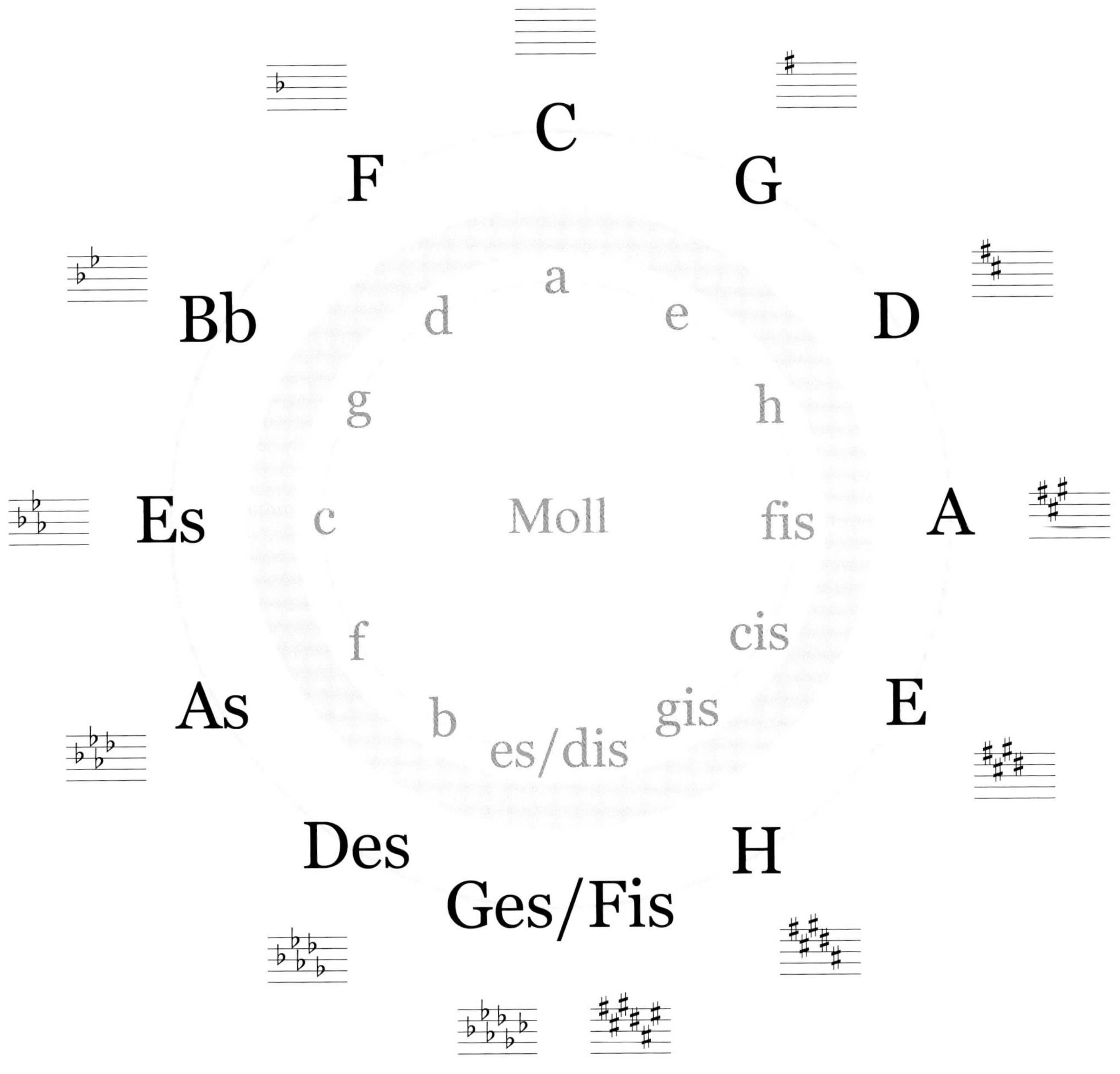

Sehr vereinfacht stellt der Quintenzirkel einen Kompromiss zur Lösung des Problems dar, dass das System der 12 Töne unserer westlichen Musik nicht exakt zu den physikalischen Bedingungen der darin vorkommenden Intervalle, insbesondere der Quinten, passt. Mit der Folge, dass in einem System mit exakten Intervallen der Ton C# eben nicht genau gleich wie ein Db klingt. Das hat den Meistern seit dem 17. Jahrhundert einiges Kopfzerbrechen bereitet.

Um dennoch das zur Verfügung stehende Tonmaterial auf 12 Tasten unterzubringen und so mit einem Instrument alle Tonarten spielen zu können, hat man an der Stimmung herumgefummelt, so dass auf „temperiert gestimmten" Instrumenten von den Intervallen nur noch die Oktave im physikalischen Sinne ‚rein' ist. Die anderen sind – salopp gesagt – etwas falsch, aber für die meisten Ohren tauglich.

Auf der Gitarre wurde dieses Problem ebenso gelöst wie auf dem Klavier. Wenn wir vom Ton C (3. Bund A-Saite) einen Halbton nach rechts schieben, landen wir auf dem C#, was sich natürlich genau an derselben Position wie das Db befindet, welches durch Schieben des D (5. Bund A-Saite) nach links erreicht wird.

Wir dürfen also in diesem Heft den Quintenzirkel als einfaches Werkzeug nutzen, die Art und Anzahl der Vorzeichen einer Tonart zu ermitteln.

Liest man den Quintenzirkel **im Uhrzeigersinn (UZS) auf der Außenbahn**, so erhöht sich der Ton beginnend beim C auf 12:00 Uhr immer jeweils um eine Quinte, also C nach G nach D usw. Errichtet man nun auf jedem dieser Töne eine Durtonleiter, so wird man feststellen, dass pro Schritt im UZS ein Kreuz als Vorzeichen hinzukommt.

Tonleitern basteln – G-Dur

Eine natürliche (ionische) Durtonleiter ist durch Halbtonschritte zwischen der III. und IV. sowie zwischen der VII. und VIII. Stufe definiert. In der Tonart C passen wunderbarerweise die natürlichen Halbtonschritte (zwischen E und F sowie zwischen B und C) genau in dieses System, so dass wir die C-Dur-Tonleiter als Schablone für die anderen Tonleitern hernehmen können. Will man z.B. auf dem Ton G eine ebensolche Tonleiter errichten, passen schon fast alle Töne aus C-Dur in die Vorgabe. Unglücklicherweise liegt jedoch der Halbtonschritt zwischen E und F ab G gezählt zwischen VI. und VII. Stufe und nicht wie gewünscht zwischen VII. und VIII. Fummelt man aber ein klein wenig herum – indem man den Ton F durch F# ersetzt – wird aus dem Abstand zwischen VI. und VII. Stufe ein Ganztonschritt, während der Abstand zwischen VII. und VIII. Stufe zum Halbton zusammengedrückt wird. Genau das, was erreicht werden sollte. So kommt die Tonart G zu ihrem Vorzeichen, ein (einziges) #.

Auf der Gitarre ist der Quintenzirkel besonders leicht anzuwenden: Wir springen also gemäß der nebenstehenden Abbildung immer weiter ab dem Ton C und gelangen pro Quinte in die nächste Tonart, die dann jeweils ein Kreuz mehr trägt. Die erste Hälfte des Quintenzirkels haben wir nun schon abgearbeitet.

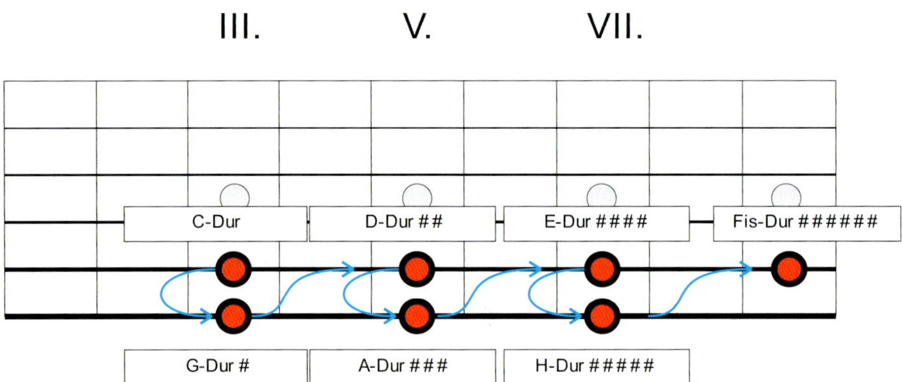

> Nebenbei: Man braucht keine Gitarre in der Hand zu halten, um einen Ton auf dem Griffbrett zu verschieben. Das funktioniert wunderbar auch im Kopf. Probiert es einmal aus!

Und warum hört die Rutscherei bei der Tonart Fis-Dur auf? Das muss sie nicht, man kann die Quintenhüpferei beliebig lang fortsetzen. Allerdings gelangt man dann zu solchen Monstern wie His-Dur mit 12 Kreuzen aber ohne neue Erkenntnis, denn es sind dann wieder alle Töne aus C-Dur versammelt, nur eben mit den abgefahrensten Bezeichnungen.

Es ist üblich, nicht mehr als sechs Vorzeichen an den Anfang einer Notenzeile zu schreiben. Eine aus der klassischen Musik bekannte Ausnahme ist ein Teil des „Wohltemperierten Klaviers“ von Johann Sebastian Bach, welches in Cis-Dur, also mit sieben Kreuzen notiert ist. Oder auch – aus dem Jazz des 21. Jahrhunderts – „Old West“ von Brad Mehldau.

Daher nutzt man die Tatsache, dass unterschiedlich benannte Töne gleich klingen, die sogenannte „enharmonische Verwechslung“, um üblicherweise bei Fis-Dur mit der Kreuzerei aufzuhören und statt dessen zunehmend mehr Töne aus C-Dur zu erniedrigen, um die noch fehlenden Tonarten zu erzeugen. Auch mit den b übertreibt man es nicht, so dass sich an der Stelle 18:00 Uhr im Quintenzirkel die Tonart Ges (oder Gb), welche sechs b als Vorzeichen trägt, mit der Tonart Fis (F#), ihrerseits mit sechs Kreuzen ausgestattet, trifft. Vom klingenden Tonmaterial sind diese beiden Tonarten identisch!

Um den Quintenzirkel **gegen den UZS, also in Richtung zunehmender b**, zu durchlaufen, müssen wir vom C aus in Quinten abwärts gehen. Also vom C zum F zum Bb zum Eb usw. Auf der Gitarre wieder eine höchst anschauliche und einfache Übung:

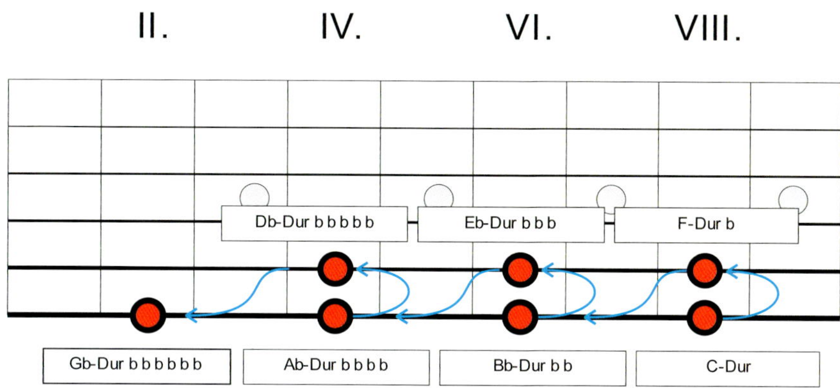

Achtung, potenzielle Begriffsverwirrung!
Wenn wir vom Ton C aus eine Quinte nach oben gehen, landen wir auf dem Ton G, wenn wir eine Quinte nach unten gehen, beim F. Als Gitarristen prägen wir uns gerne den Weg ein, den die Finger beschreiten, um Start- und Zielton eines bestimmten Intervalles zu greifen. Auf zum Finden der Stufenakkorde verwenden wir diese Methode. Nun finden wir zum Beispiel vom Cmaj7 aus im Abstand einer Quinte nach oben tatsächlich die V. Stufe, die Quinte zum Cmaj7, den Dominantseptakkord G7. Eine Quinte nach unten finden wir jedoch nicht die Quinte, sondern die IV. Stufe, die Quarte, nämlich den Akkord Fmaj7, welcher die Subdominante zu unserem Cmaj7 darstellt.

Nach kurzer Zeit werden sich die Tonarten ohnehin im Gedächtnis ablagern, sodass wir auf das Abzählen am Griffbrett verzichten können. Falls aber nicht - macht auch nichts. Geht ja zügig und – mit etwas Routine – auch von den Kollegen unbemerkt!

Funktionstheorie

Die Funktionstheorie, bisweilen auch „Funktionsharmonik" genannt, ist ein Bestandteil der Musiktheorie und wurde von Hugo Riemann im Jahr 1893 entwickelt, also etwa ein Vierteljahrhundert, bevor erstmalig der Begriff „Jazz" überhaupt auftaucht. „Theorie" klingt zunächst mal anstrengend und nach zumindest trockener Materie. Warum sich so viel Zeugs reinziehen, wenn man doch nur Gitarre spielen möchte?

Ich halte es für wichtig, nicht nur einen auf einem Sheet notierten Akkord greifen zu können, sondern vor allem zu verstehen, **warum** er dort steht, wie er also **funktioniert**. Ihr werdet nicht zu selten in vielen Songbooks unpräzise oder gar falsche Akkordangaben finden, was Ihr bemerkt, weil der angegebene Griff einfach nicht gut klingt, obwohl Ihr ihn korrekt gegriffen habt. Er *funktioniert* einfach nicht! Wenn Ihr etwas Erfahrung mit Funktionen von Stufen und deren Einsatz in Verbindungen habt, werdet Ihr solche zweifelhaften Akkorde erkennen und – in manchen Fällen – sogar live korrigieren. Es ist übrigens nicht verboten, Akkordangaben in den eigenen Sheets oder Songbooks auszubessern. Festzuhalten ist:

> Akkorde in Jazzstandards sind nicht willkürlich, sondern folgen einer bestimmten Logik.

Wir haben inzwischen bei der Kombination des Tonmaterials aus C-Dur auf sieben Stufen (das C' auf der achten Stufe liefert natürlich wieder einen Cmaj7-Akkord, unser Spiel beginnt also von Neuem) vier unterschiedliche Akkordtypen gefunden. Zudem hat jede Stufe in ihrer Tonart eine eindeutige Funktion oder kann zumindest als Ersatz einer sogenannten Hauptstufe arbeiten.

Klingt kompliziert, ist es aber gar nicht.

Stufen und Funktionen der Akkorde in C-Dur

Stufe	Ton	Akkordtyp	Funktion	Einsatz als
I	C	Dur-maj7	Tonika	
ii	D	Moll-7	Nebenstufe	Subdominant-Parallele
iii	E	Moll-7	Nebenstufe	Tonika-Gegenklang
IV	F	Dur-maj7	Subdominante	
V	G	Dur-7	Dominante	
vi	A	Moll-7	Nebenstufe	Tonika-Parallele
vii	B	Moll-7/b5	Nebenstufe	Dominant-Gegenklang

Die Angabe der harmonischen Stufe eines Akkords erfolgt in römischen Ziffern, wobei sich auch international Großschreibung für Dur- und Kleinschreibung für Moll-Akkorde eingebürgert hat.

In jeder Tonart (für dieses Buch seien nur die 12 Durtonleitern des Quintenzirkels betrachtet) gibt es die drei Hauptstufen oder auch Hauptfunktionen **Tonika**, **Subdominante** und **Dominante**.

Hauptstufen

Die **Tonika** ist der Grundakkord eines Stückes oder zumindest eines Lied-Abschnitts. Die **Dominante** zur Tonika, die V zur I oder V/I, erzeugt eine harmonische Spannung, die in der Tonika zur Auflösung kommt. Eine Dominante besitzt (mindestens) einen Leitton, der einen halben Ton unter oder über dem erwarteten Zielton liegt. Im Beispiel G7 ist dies die Terz des G7, das B, welches einen Halbton unter dem Zielton C angesiedelt ist.

Die Klangverbindung Dominante – Tonika (G7 – Cmaj7) nennt man einen authentischen Schluss oder eine authentische Kadenz.

Auch die **Subdominante** auf der Stufe IV strebt zur Tonika, allerdings nicht so stark wie die Dominante. Im Beispiel Fmaj7 als Subdominante zu Cmaj7 ist der Leitton das F, welches aber nicht zum C, sondern zum E strebt, also zur Terz unserer Tonika.

Die ständige Verwendung der vorzeichenlosen C-Dur-Tonleiter als Schablone für harmonische Zusammenhänge ist die Grundlage der populären Musiker-Anekdote, bei der ein (Musik-)Lehrer seinen Schüler fragt, welcher Akkord denn die Subdominante zu Fmaj7 sei. Der Schüler antwortet verblüfft: „Ich dachte, Fmaj7 **ist** die Subdominante!“

Löst sich die Subdominante direkt in die Tonika auf (Fmaj7 – Cmaj7), spricht man von einem plagalen Schluss oder Plagalschluss.

Viele Stücke aus der Volksmusik, aber auch aus Rock, Pop und Folk bestehen ausschließlich aus den drei Stufen Tonika, Subdominante und Dominante. Jeder Song, der mit den Akkorden C-Dur, F-Dur und G-Dur auskommt, mag hier als Beispiel dienen. Wenn Euch gar nichts einfällt, nehmt „Stille Nacht”.

Auch der Blues verwendet in seinen rudimentärsten Formen überwiegend die Stufen I, IV und V. Allerdings werden hier auf jeder Stufe (Dominant-)Septakkorde eingesetzt.

Nebenstufen

Die Nebenstufen helfen uns, die allzu bekannte Struktur **Tonika-Subdominante-Dominante**, die das ausschließliche Material ungezählter Songs bilden, zu variieren. Es ist nämlich möglich, **als klanglichen Ersatz für eine der Hauptstufen ihren jeweiligen Gegenklang oder auch ihre Parallele einzusetzen**. Ihr findet also zum Beispiel statt einer Tonika Cmaj7 bisweilen Emin7 (den Tonika-Gegenklang) oder Amin7 (die Tonika-Parallele) notiert oder statt einer Dominante G7 den Akkord Bmin7/b5 (Dominant-Gegenklang). Das sind Möglichkeiten, die von Komponisten, Arrangeuren oder Improvisierenden genutzt werden. Im Kapitel Substitutionen gehe ich ausführlicher darauf ein.

Prägt Euch bitte die Stufen samt zugehörigen Akkordtypen und jeweiliger Funktion gut ein, denn – jetzt kommt's – dies gilt für alle 12 Tonarten unseres Quintenzirkels! Das bedeutet, in jeder Durtonart steht auf Stufe I ein maj7-Akkord, auf Stufe ii ein min7, auf Stufe iii ein min7 und so weiter. Auch die Anordnung ist stets übertragbar! Wir können so erkennbare eindeutige Muster nutzen, eine Tonart zu identifizieren oder ganze Verbindungen in andere Tonarten transponieren, ohne eine Notenzeile bzw. ein einziges Vorzeichen zu lesen!

Da erhält der Spruch „Lernen durch Begreifen" doch gleich eine tiefe Bedeutung!

Wenn wir zum Beispiel den Wechsel von der ii. Stufe in C-Dur (Dmin7) zur iii. (Emin7) spielen, dann verschieben wir ja nur einen Moll-Akkord um zwei Bünde auf dem Griffbrett nach rechts. Das erscheint sehr unspektakulär. Ein Blick in die obige Übersicht der Stufen einer Durtonleiter verrät allerdings, dass die Möglichkeit, zwei aufeinanderfolgende (im Abstand von zwei Halbtönen) Moll7-Akkorde anzutreffen, ausschließlich besteht, wenn es sich eben um die ii. und iii. Stufe ein und derselben Durtonart handelt. Es gibt keine andere Möglichkeit. Und diese Durtonart findet man dann zwei Halbtöne unter dem ersten der beiden Mollakkorde, also auf der Gitarre zwei Bünde weiter links.

Ein Beispiel, gleich zum Ausprobieren auf der Gitarre:

Spielt die Akkorde Gmin7 und Amin7, bitte in derselben Griffart, also z.B. Gmin in Lage III und Amin folglich in Lage V. Beide Griffe sind identisch zu greifen und sind zwei Bünde (Halbtöne) voneinander entfernt. Wie wir aus C-Dur ableiten können, entsteht eine solche Konstellation ausschließlich auf den Stufen ii und iii ein und derselben Tonart. Wir wissen im Moment nur noch nicht, in welcher. Wir wissen aber, dass sich die namensgebende Tonika als maj7-Akkord zwei Halbtöne unter der ii befindet, was wir ja auf der Gitarre leicht nachvollziehen können. Siehe in C-Dur:

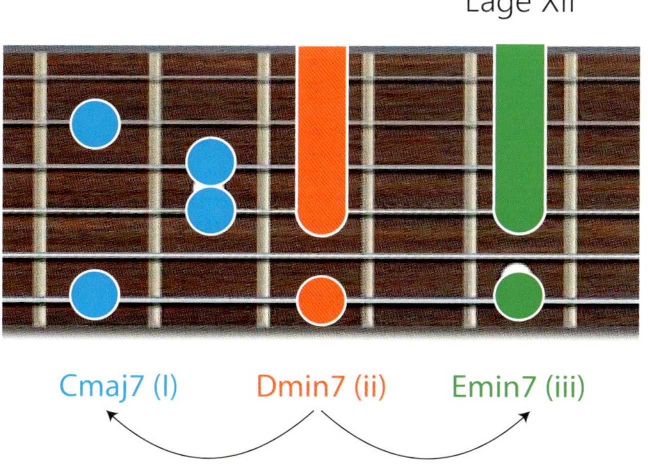

Wir schieben also den Gmin7 zwei Bünde nach links (in die Lage I) und errichten dort über dem Grundton auf der E-Saite einen maj7-Akkord. Dies ergibt den Akkord Fmaj7.

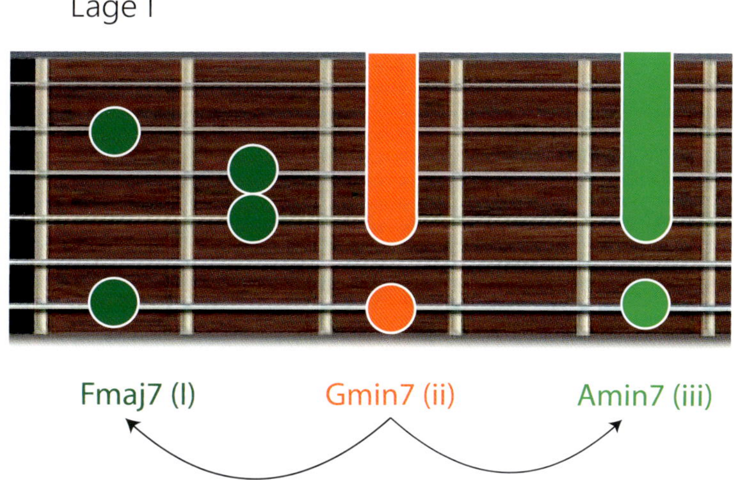

Wir haben somit durch rein mechanisches Verschieben (und etwas Umgreifen) für die beiden Akkorde Gmin7 und Amin7 die zugehörige Tonika und damit auch die Tonart bestimmt: Fmaj7 als Tonika der Tonart F-Dur.

Solche Schiebereien sind für uns Gitarristen selbstverständlich und machen uns das Leben wirklich leichter. Mit etwas Übung könnt Ihr dies auch ganz ohne Gitarre durchführen. Ich gehe im Kapitel „Kopfschablone für das Finden von Stufen“ auf Seite 48 nochmals ausführlich auf dieses Verfahren ein.

Praxis auf der Gitarre 2

Kopfschablone für das Finden von Stufen

Die Methode, die ich auf dieser Seite nochmals vorstellen möchte, macht uns als Gitarristen das Leben wirklich leichter und hebt uns von allen anderen Instrumenten ab. Wir können nämlich harmonische Zusammenhänge, die wir in der Tonart C verstanden haben, durch mechanisches Verschieben in alle anderen Tonarten übertragen. Ein kleines Beispiel für das Finden von Stufen.

Gegeben sei der Akkord Ebmaj7 und ebenso die Vorgabe, dass dieses Ebmaj7 nicht die I. Stufe sei (was als Basistonart Eb-Dur bedeuten würde, die triviale Lösung), sondern die IV. Stufe. **Wir suchen also die Tonart, in der Ebmaj7 die IV. Stufe ist.**

Obwohl wir bis auf C-Dur noch keine Tonarten besprochen haben, können wir diese Aufgabe auf der Gitarre oder mit Vorstellungskraft auch im Kopf lösen. Und mit etwas Routine sogar blitzschnell!

Hilfreich ist es nun, wenn wir dabei sofort einige mögliche Griffe für Ebmaj7 im Kopf haben, zum Beispiel diese hier:

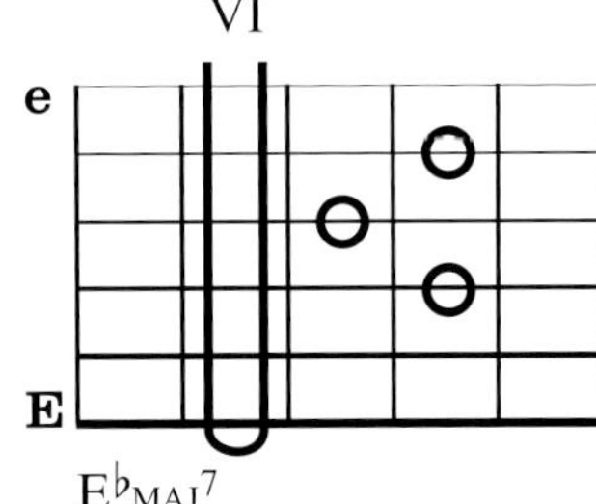

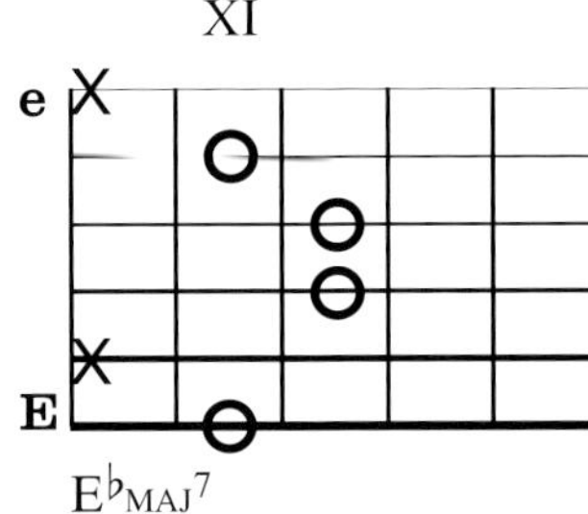

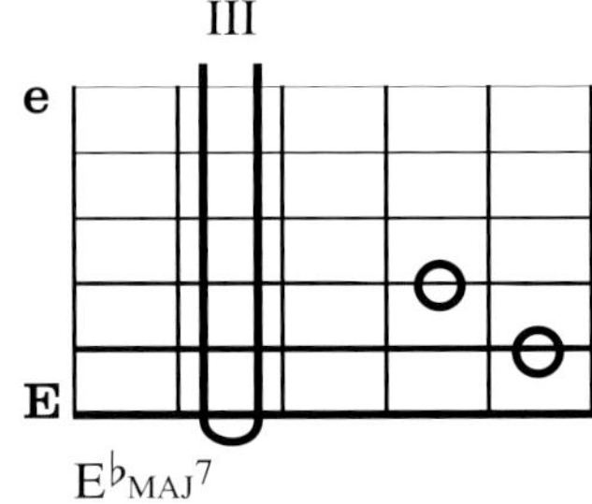

Ebenso für den Einsatz unserer Kopf-Schablone unabdingbar, ist das Wissen, welcher Akkordtyp in C-Dur auf der jeweiligen Stufe entsteht. Hier zur Erinnerung noch mal das Ergebnis des Terzentürmens, ohne Ton- und Funktionsangabe:

Stufe	Akkordtyp
I	Dur-maj7
ii	Moll-7
iii	Moll-7
IV	Dur-maj7
V	Dur-7
vi	Moll-7
vii	Moll-7/b5

In unserem Beispiel ist die Erkenntnis essenziell, dass in einer Durtonart prinzipiell nur zwei maj7-Akkorde vorkommen. Jeder maj7 kann also von seiner Funktion her entweder als I. oder eben als IV. Stufe dienen. Als I. Stufe ist es trivial, die Tonart hat dann natürlich denselben Grundton wie der betreffende Akkord. Wir haben aber ein Ebmaj7 als IV. Stufe.

Das Rückrechnen eines Akkords zu seiner erzeugenden Tonart ist auf dem Notenblatt per se keine leichte Übung, da man ja nicht einfach Naturtöne abwärts zählen kann. In unserem Beispiel steckt ja schon im der Akkordnamen ein Vorzeichen b, so dass die Tonart, in der Ebmaj7 als IV. Stufe fungiert, sicherlich auch mindestens ein b beinhaltet. Wahrscheinlich haben auch Pianisten oder Bläser so ihre Methoden, bei uns Gitarristen ist es aber besonders einfach! Wir leiten uns den Weg von der I. zur IV. Stufe **in C-Dur** her und schließen dann rückwärts aus der (neuen) IV. Stufe Ebmaj7 dessen (neue) I. Stufe.

Die folgenden Abbildungen sollen Euch den Weg I - IV (in C-Dur) zu IV - I in der gesuchten Zieltonart verdeutlichen:

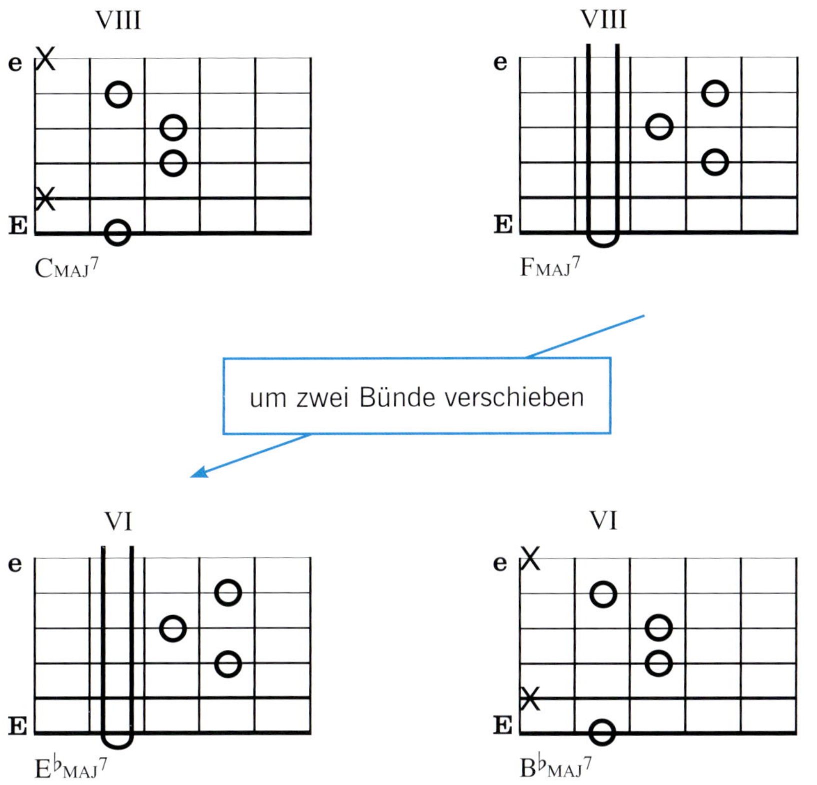

Der Weg von einem Cmaj7 (Stufe I) zu einem Fmaj7 (Stufe IV) ist bekannt. Im abgebildeten Beispiel liegen beide Akkorde in derselben Lage VIII. Den so gefundenen Griff der IV. Stufe schieben wir nun an die Stelle, wo er unsere vorgegebene IV. Stufe Ebmaj7 bildet. Dies ist zwei Bünde tiefer in Lage VI:

Auf ebendieser VI. Lage greifen wir nun wieder um und finden die zum Ebmaj7 gehörige I. Stufe Bbmaj7. Auf diese Art und Weise könnt Ihr natürlich jede Verbindung und funktionale Beziehung aus C-Dur in alle nur möglichen Tonarten übertragen. Prüft Euch selbst (Lösungen weiter unten, Schummeln gilt nicht!):

a. Welcher Akkord ist die V. Stufe in D-Dur?

b. Welcher Akkord ist die ii. Stufe in A-Dur?

c. Welche Akkorde bilden eine ii-V-Verbindung in F-Dur?

d. Welche Akkorde bilden eine I-vi-ii-V-Verbindung in Gb-Dur?

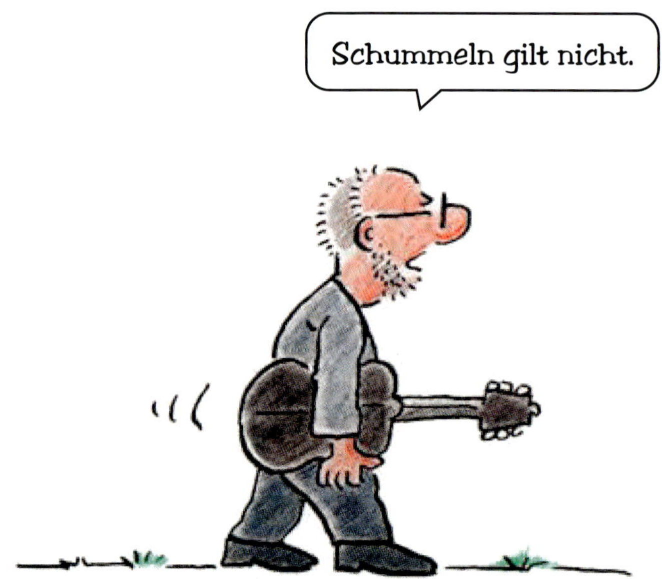

Lösungen:

a. A7 b. Bmin7 c. Gmin7-C7 d. Gbmaj7-Ebmin7-Abmin7-Db7

Fünfklänge und Schlimmeres

Erweiterungen 9, 11 und 13

Akkorde baut man, indem man sich einen Ton aus einer Tonleiter als (Akkord-)Grundton erwählt und dann auf diesen Ton Terzen schichtet. So haben wir in C-Dur auf jedem Ton den leitereigenen Akkord (Vierklang) gebildet, dessen Geschlecht und Eigenschaften Ihr ja inzwischen für jede Stufe auswendig kennt, gell?

Wenn wir das Akkordbauen z. B. in der C-Dur-Tonleiter mal auf die Spitze treiben und auf der Septime des Akkordes Cmaj7 (C, E, G und B) einfach mit dem Terzentürmen weiter machen, erhalten wir einen Cmaj7/9/11/13, eben mit den zusätzlichen Tönen D, F und A. Somit haben wir einen 7-Klang (der natürlich nicht spielbar ist und völlig bescheuert klingt) mit dem kompletten Tonmaterial aus C-Dur. Drückt mal mit dem Unterarm alle weißen Tasten eines Klaviers, die Ihr auf diese Weise erreichen könnt. So in etwa klingt das.

Die gute Nachricht: Bei der 13 ist Schluss!

Es kommen keine größeren Zahlen als die 13 vor! Die nächste Terz ab dem Ton A wäre ja dann erneut C und somit wieder unser Grundton, allerdings dann schon zwei Oktaven höher.

Kleine Zahlenlehre:

Eigentlich ist die Verwendung der Zahlen 9, 11 und 13 folgendermaßen geregelt: Wird ein kompletter Vierklang (mit vorhandenen Stufen 1, 3, 5 und 7, also Grundton, Terz, Quinte und Septime) um eine Sekunde (2), Quarte (4) oder Sexte (6) ergänzt, werden diese Stufen zur 7 addiert, also mit dem Ergebnis 9, 11, bzw. 13. Somit handelt es sich bei z. B. einem G13-Akkord um einen Fünfklang, einem G7 erweitert mit der 13. Wird dagegen die Original-Stufe aus der ersten Oktave angegeben, so entfällt – falls nicht explizit erwähnt – die Septime. Ein G6 ist also ein G-Dur-Dreiklang, ergänzt durch die Sexte, den Ton E. Übrigens ein typischer Tonika (Grundakkord)-Klang der 1920er Jahre, bevor man begann, den eleganter klingenden maj7-Akkord einzusetzen.

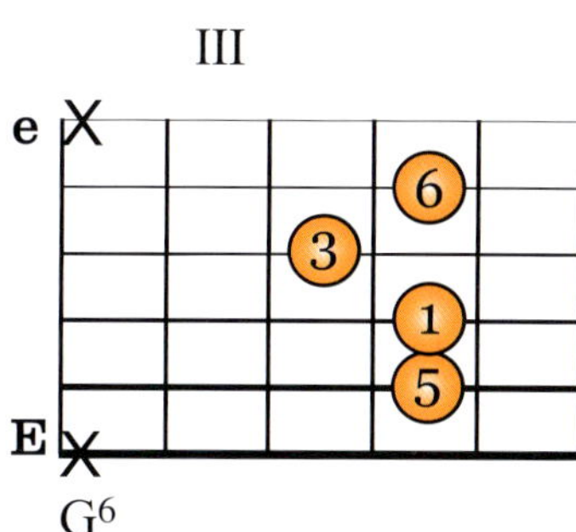

Ergänzen wir einen gegebenen Vierklang um weitere Töne, so schaffen wir also einen Fünfklang, Sechsklang oder gar Schlimmeres. Da ein solcher Mehrklang aus physikalischen Gründen (begrenzte Anzahl von Saiten oder Greiffingern, Sehnenscheidenentzündungen o. ä.) nicht komplett spielbar ist, müssen eben Töne entfallen. Bei Vierklängen z. B. **sind Terz und Septime wichtige**, Grundton und Quinte eher unwichtige Töne. Die reine Quinte ähnelt klanglich dem Grundton und dieser wiederum wird meist ohnehin vom Bassisten gespielt. Warum ihn also doppeln?

Welche Töne charakterisieren den Akkord?

Die Feststellung dass Terz und Septime wichtige, Grundton und Quinte eher unwichtige Akkordtöne sind, stößt bei Vielen auf Unglauben. Probiert es aus! Schlagt vom abgebildeten Dmin7 zunächst die roten (Terz und Septime) und dann die blauen Töne (Grundton und Quinte) an. Nacheinander, jeweils als Zweiklang, nicht gleichzeitig. Insbesondere, wenn durch andere Akkorde eine harmonischer Kontext besteht, klingt der Zweiklang Terz-Septime eindeutig nach Dmin7, während Grundton-Quinte halt nach „irgendwas in D“ klingt.

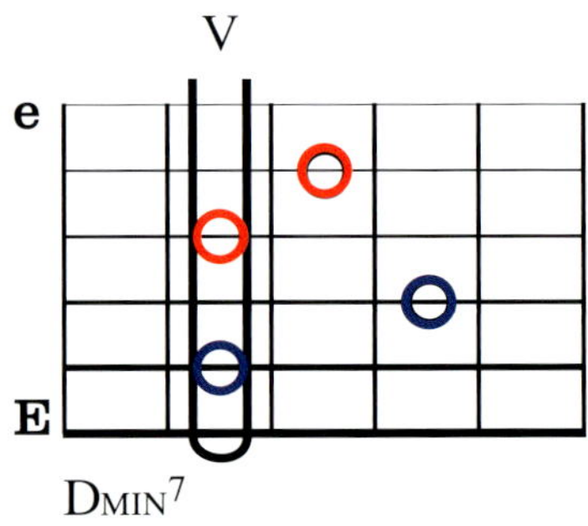

Nun war das Terzentürmen (ein wirklich schönes Wort – man kriegt gar nicht genug davon!) in C-Dur keine schwere Übung, denn wir sind in der Tonleiter auf dem Papier nur immer jeweils zum übernächsten Ton gesprungen und haben so einfach alle Stufen erreicht. Auf der Gitarre müssten wir schon die natürlichen Halbtöne bedenken, was die Sache etwas weniger anschaulich macht. Findet das Terzentürmen auch noch in einer vorzeichenlastigen Tonart (Db-Dur oder so) statt, wird die Sache sehr unübersichtlich. Hier können wir allerdings die uns inzwischen vertraute Struktur der erlernten Vierklänge und die uns bereits bekannten Stufen als Orientierungspunkte für die zusätzlichen Erweiterungen nutzen.

Als Beispiel diene uns an dieser Stelle der Akkord G7, entstehend auf der V. Stufe in C-Dur, der sogenannte Dominantseptakkord dieser Tonart. Gut zur Veranschaulichung eignet sich das Griffbild in der III. Lage, in das ich Euch die einzelnen Intervall-Stufen des Akkordes in den jeweiligen Ton geschrieben habe:

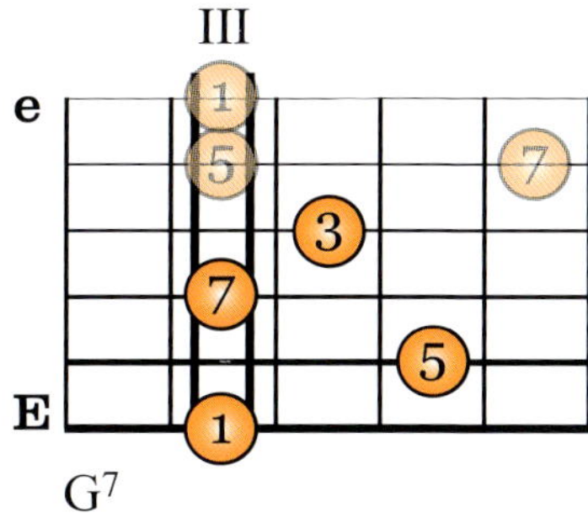

Es ist offensichtlich, dass alle Stufen des Vierklangs bereits auf den Saiten E, A, D und G vorhanden sind. Auf der H-Saite kommt nur noch eine Dopplung der Septime bzw. der Quinte, wenn man den kleinen Finger weg lässt. Dann bleibt durch den Barré ein D auf der H-Saite und auf der hohen E-Saite nochmals der Grundton. Da ist also noch genügend Platz für unsere Akkorderweiterungen. Zudem ja bekanntlich nicht alle Akkordtöne gespielt werden müssen. In die Tabulatur zeichne ich nun noch die noch fehlenden Stufen des G7- Akkords:

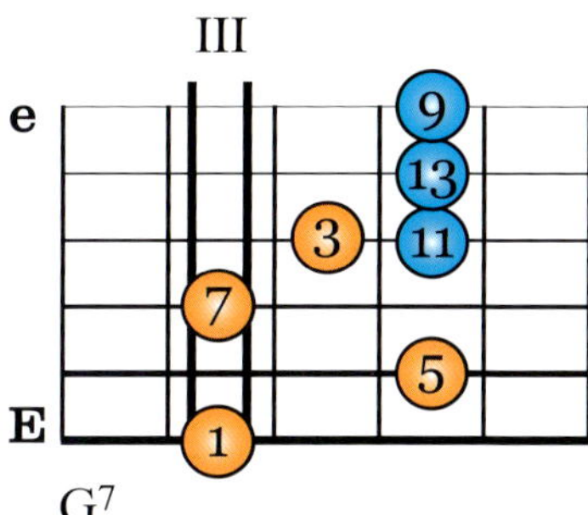

Kleine Pointe am Rande:

Lassen wir in diesem Akkord die E- und A-Saite weg (spielen also nur die Stufen 7, 11, 13 und 9), so erhalten wir einen astreinen Fmaj7-Akkord:

Das ist nicht mehr ganz so verblüffend, wenn wir uns vergegenwärtigen, dass wir ja das gesamte Tonmaterial aus C-Dur verbaut haben. Daher werden wir auch jeden aus eben diesem Tonvorrat geschaffenen Akkord in irgendeiner Umkehrung finden…

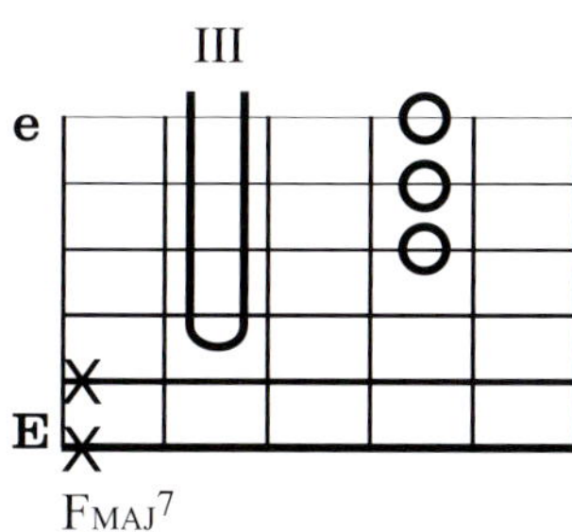

Die 9 (None)

Beginnen wir mit der 9 (None). Hierzu haben wir in das Griffbild einen weiteren Grundton auf der hohen E-Saite eingezeichnet, der im abgebildeten Griff ansonsten gar nicht mitgespielt werden muss:

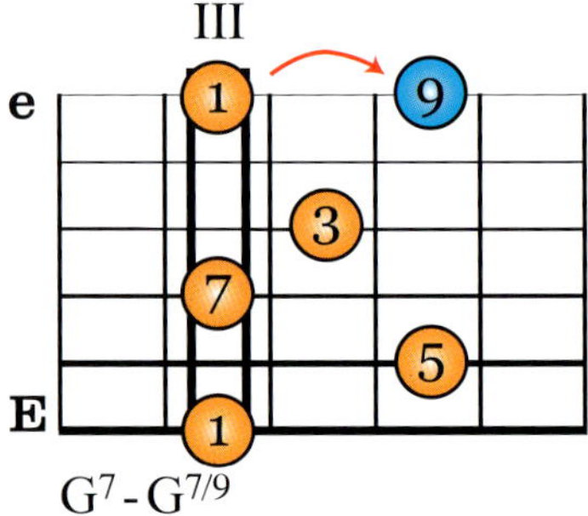

> **None oder Sekunde?**
>
> Die None ist per Definition das Intervall zwischen Grundton und neunter Stufe. Da wir allerdings von einer Tonleiter bisher nur acht Stufen vorgestellt haben und wir auf der achten Stufe (Oktave) bereits wieder unseren Grundton finden, muss jede Stufe > 8 in der nächsten Oktave liegen, wo unsere Tonleiter mit den selben Vorzeichen und damit dem bekannten Tonmaterial weitergeht. Wir werden also auf der neunten Stufe den Ton mit der gleichen Bezeichnung wie auf der zweiten Stufe (Sekunde) finden, eben eine Oktave höher.
>
> Mit einem Barré-Akkord schaffen wir auf der Gitarre üblicherweise das Überspannen von mehr als zwei Oktaven, so dass wir zum Beispiel beim C-Dur am 8. Bund drei Grundtöne C im Akkord finden. Das Zählen in der C-Dur-Tonleiter vom C bis zur None führt uns zum D‘, welches (zumindest als Tonbezeichnung) auch auf der Sekunde, der 2. Stufe, zu finden ist. Egal, welches D nun zu einem C-Dur-Akkord hinzugefügt wird, man bezeichnet den Akkord dann oft als C9, selbst wenn er von der Lage des D auch C2 heißen könnte.

Die 9 finden wir stets zwei Halbtöne (= zwei Bünde) über dem Grundton. Ohne die Finger überstrecken zu müssen können wir nun schon zwei G7/9 basteln. Ob das Voicing mit dem A im Bass sinnvoll oder nicht ist, dürfen Eure Ohren entscheiden – korrekt ist es auf jeden Fall.

Falls Ihr der Meinung seid, Ihr hättet den nebenstehenden Griff schon einmal gesehen, so habt Ihr Recht. Ich hatte ihn auf Seite 30 bereits als Bmin7/b5 vorgestellt. Mehr über solche „Doppelagenten“ gibt es ab Seite 62!

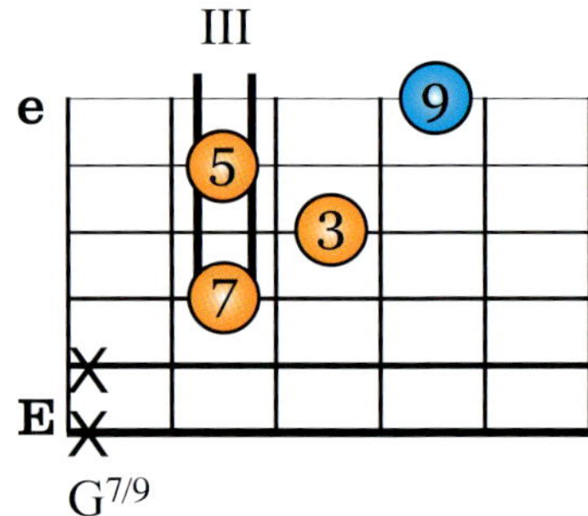

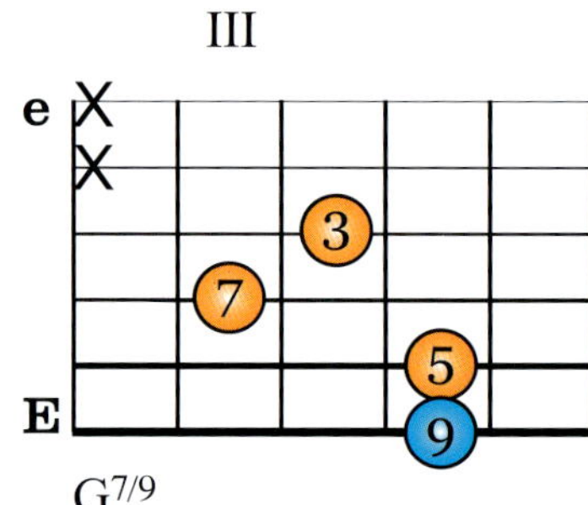

Die 11 (Undezime)

Kommen wir nun zur 11. Zur Diskussion Undezime - Quarte vergleicht bitte None - Sekunde.

Wir finden die 11 stets einen Halbton (Bund) über der Terz, eben die Quarte. Zur Orientierung tragen wir noch eine zusätzliche Terz in unser G7 ein (wird nicht gespielt, da hinter dem Barré) und sodann den Pfad zur 11.

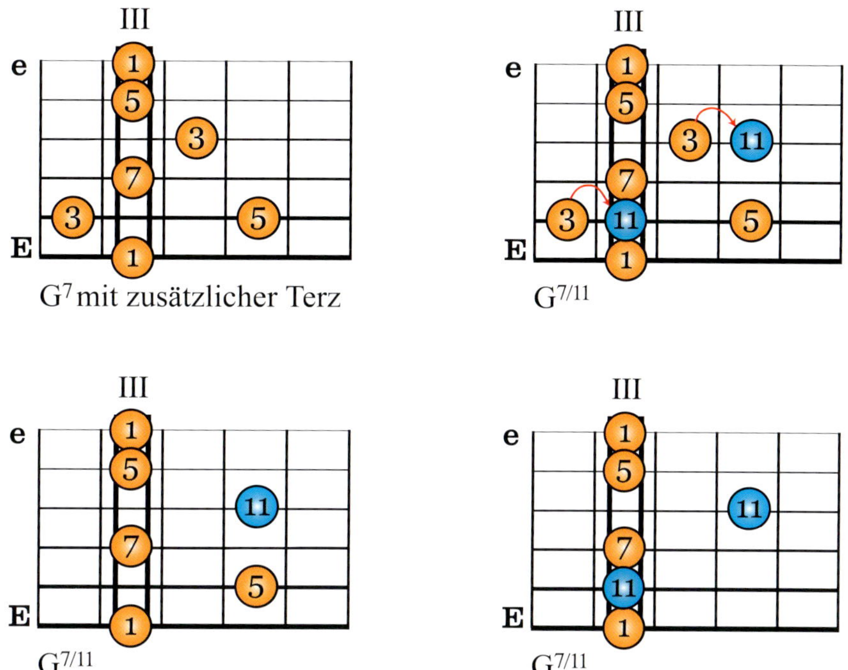

Da sind nun viele Stufen gedoppelt und es ist sehr viel Bass enthalten. Aber keiner zwingt Euch, alle abgebildeten Töne auch tatsächlich zu spielen. Nebenbei haben wir bei der Substitution der Terz durch die Quarte den das Tongeschlecht bestimmenden Ton entfernt, so dass die Bezeichnung G7/11 gar nicht mehr korrekt ist – es könnten beide ebenso Gmin7/11 sein! Nun ist die 11 oder auch die 4 (Quarte) im Zusammenklang mit dem Grundton ein etwas seltsamer Kamerad. Zumeist wird die Terz durch die 4 (bzw. die 11) ersetzt, sodass das arme Akkord-Kerlchen sein Geschlecht verliert. Die 11 klingt stets etwas instabil, weshalb Akkorde, bei denen die Terz durch die Quarte ersetzt wurde, als **sus-Akkorde** (sus = suspended = außer Kraft gesetzt) bezeichnet werden. Ein Beispiel, das sicherlich jeder von Euch schon einmal gedankenverloren vor sich hingeklampft hat, ist die Umspielung des Akkordes D-Dur:

Hier ersetzen wir die Terz des D-Dur (also den Ton F#) durch die Quarte (das G). Der entstehende Klang ist spannend, strebt aber nach Auflösung, also zurück zum D-Dur.

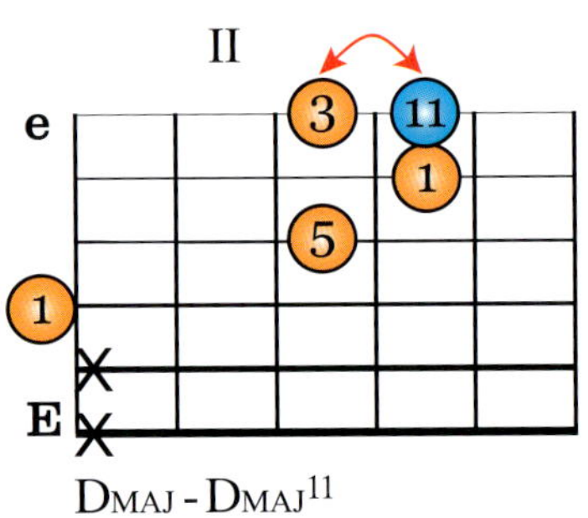

DMAJ - DMAJ11

Achtung, genau lesen!

Wie bereits an anderer Stelle erwähnt, kann einen die Bezeichnung Dmaj oder DMAJ schon mal durcheinander bringen! Insbesondere wenn wir am Anfang unserer Jazz-Karriere stehen, werden wir stets angehalten, jeden nur möglichen Major7-Akkord quasi „aus der Hüfte" spielen zu können, so dass wir uns bemühen werden, umgehend ein Dmaj7 auf das Griffbrett zu zaubern. Aber Achtung! Dmaj7 steht hier gar nicht, sondern nur Dmaj, die internationale Schreibweise für den D-Dur-Akkord, einen Dreiklang. Über solcherlei Kleinigkeiten sind auch schon erfahrene Kollegen gestolpert.

Die 13 (Tredezime oder Terzdezime)

Verbleibt noch die 13. Zur Diskussion Tredezime - Sexte vergleicht bitte None - Sekunde.

Die 13 wird zwei Halbtöne über der 5 (Quinte) gefunden.

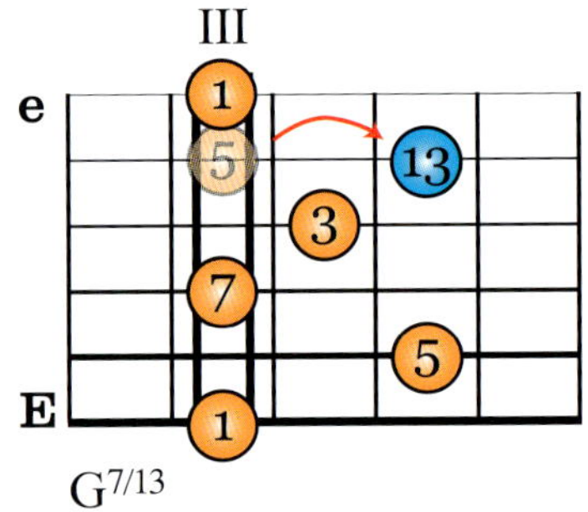

G7/13

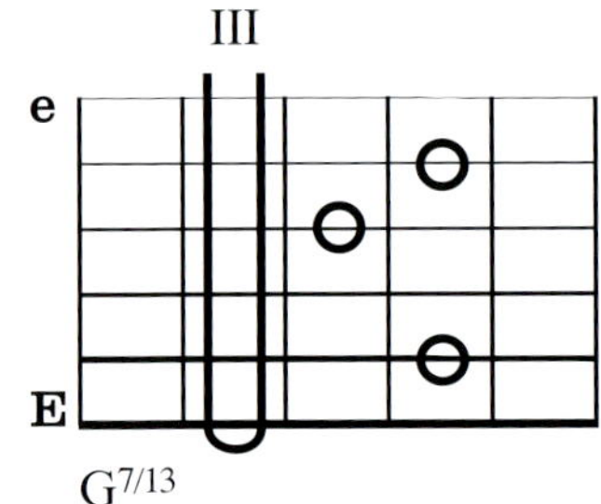

G7/13

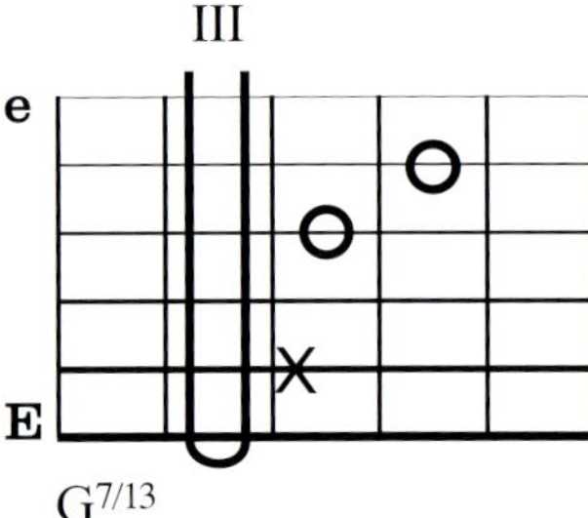

G7/13

Wie bereits beschrieben ist es wichtig, dass die Septime noch im Akkord verbleibt. Wird sie durch die Sexte ersetzt, entsteht der schon vorgestellte G6, der dann als Tonika (in G-Dur) funktioniert und nicht mehr als Dominante (in C-Dur). Auf Seite 90 findet Ihr weitere Varianten 7/13.

Somit ist die Bezeichnung der abgebildeten Akkorddiagramme mit 7/13 eigentlich doppelt gemoppelt, 13 würde genügen. Aber wie heißt es so schön: Doppelt genäht hält besser!

Nun habe ich Euch die Akkorderweiterungen mit Tönen aus der zugrunde liegenden Tonart vorgestellt, so dass Ihr für jeden Dominantseptakkord die Erweiterungen 9, 11 und 13 finden könnt.

Bei der Zusammenstellung der (meiner Meinung nach gebräuchlichen) Griffe im Anhang ist mir aufgefallen, dass einige Kameraden (z. B. maj7/11, min7/13) wohl in der freien Wildbahn nicht vorkommen, weil sie a) übel klingen oder b) unter einer anderen Bezeichnung notiert sind (min7/13 ist beispielsweise zumeist nur als min6 anzutreffen). Solltet Ihr so ein Exemplar auf einem Song-Sheet antreffen und Ihr könnt Euch an keine alternative Schreibweise erinnern, dann müsst Ihr gegebenenfalls auf die Schnelle basteln. Zum Beispiel bei einem min7/13 nehmt ein möglichst einfach zu greifendes Dmin7 (wie wäre es in Lage X?) und ergänzt die 13, den Ton A:

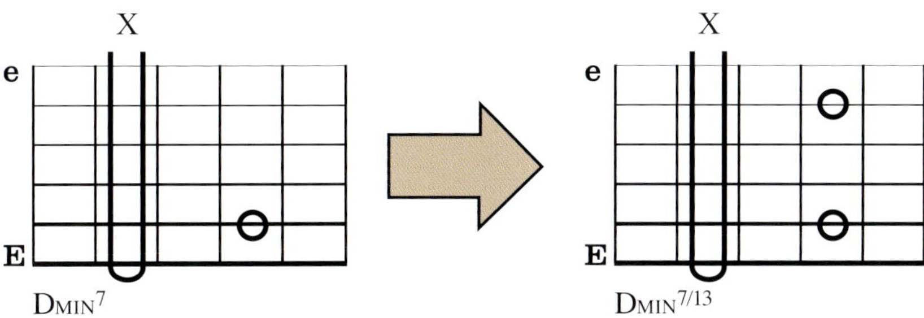

Erweiterung von maj7- und min7-Akkorden

Bis jetzt hatte ich alle Erweiterungen nur bei Dominantseptakkorden gezeigt. Lasst uns nun die drei anderen Akkordtypen betrachten. Für min7/b5-Akkorde gibt es üblicherweise keine Erweiterungen, sie werden daher im Folgenden nicht betrachtet, maj7 und min7 dagegen schon.

Nicht jede theoretische Erweiterung 9, 11 und 13 kommt bei den maj7- und min7-Akkorden in der Praxis tatsächlich vor. Cmaj7/11 ist z.B. eher ein theoretisches Konstrukt. Die Erweiterungen 9 und 13 allerdings sind häufig zu finden:

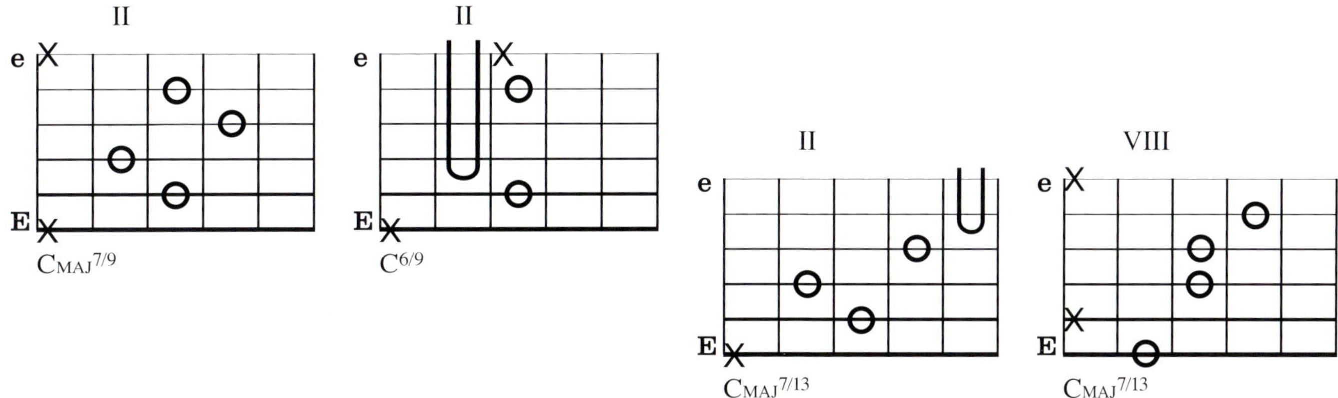

Bei den Moll-Akkorden trifft man auf alte Bekannte. So hat ein Amin7/9 ohne Grundton exakt dieselben Töne wie ein Cmaj7.

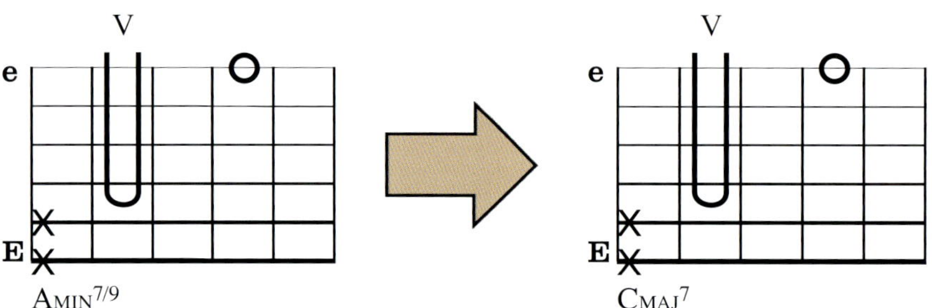

Auch bei min7-Akkorden ist eine Erweiterung mit der 11 eher die Ausnahme. Wie wir bereits bei den sus-Akkorden besprochen hatten, ersetzt die 4 oder 11 zumeist die Terz des Akkords, weshalb die entstehenden Griffe kein Tongeschlecht besitzen und von daher nicht an dieser Stelle aufgeführt sind. Nichtsdestotrotz kann ein min7/11 mal vorkommen. Beide nebenstehend abgebildeten Griffe enthalten keine Quinte.

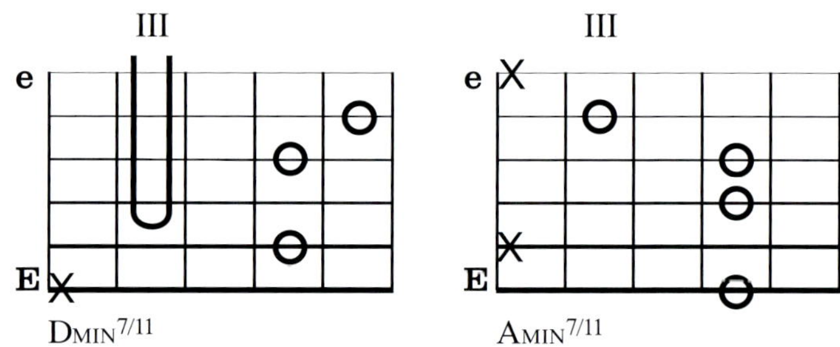

Herumgefummel: b9, #9, #11 und b13

Die Erweiterungen 9, 11 und 13 können teilweise um einen Halbton alteriert (verändert) werden. Die Stufen-Ziffer wird dann mit einem # bzw. einem b ergänzt. Keine Panik, nicht jede Alterierung ist sinnvoll, die Anzahl bleibt überschaubar!

> In diesem Heft geht es darum, Euch alle nur denkbaren Akkorde vorzustellen und als Akkorddiagramm zu zeigen, so dass Ihr sie verinnerlicht, um danach möglichst jeden notierten Jazzstandard greifen zu können. Eine Anleitung zur Reharmonisierung einer Akkordbegleitung oder zum wohlklingenden Alterieren von Akkorden kann dieses Heft nicht sein, auch wenn ich im Folgenden noch einige Tipps zum Einsatz der Erweiterungen für Euch niedergeschrieben habe.

Es ist möglich, die 9 um einen Halbton zu vermindern, sie also zur **b9** zu machen, oder um einen Halbton zu erhöhen, was dann **#9** geschrieben wird. Hier gleich demonstriert am Beispiel G7/9 in zwei unterschiedlichen Voicings bzw. Fingerings. In der III. Lage habe ich jetzt mal auf die zwei Basstöne verzichtet:

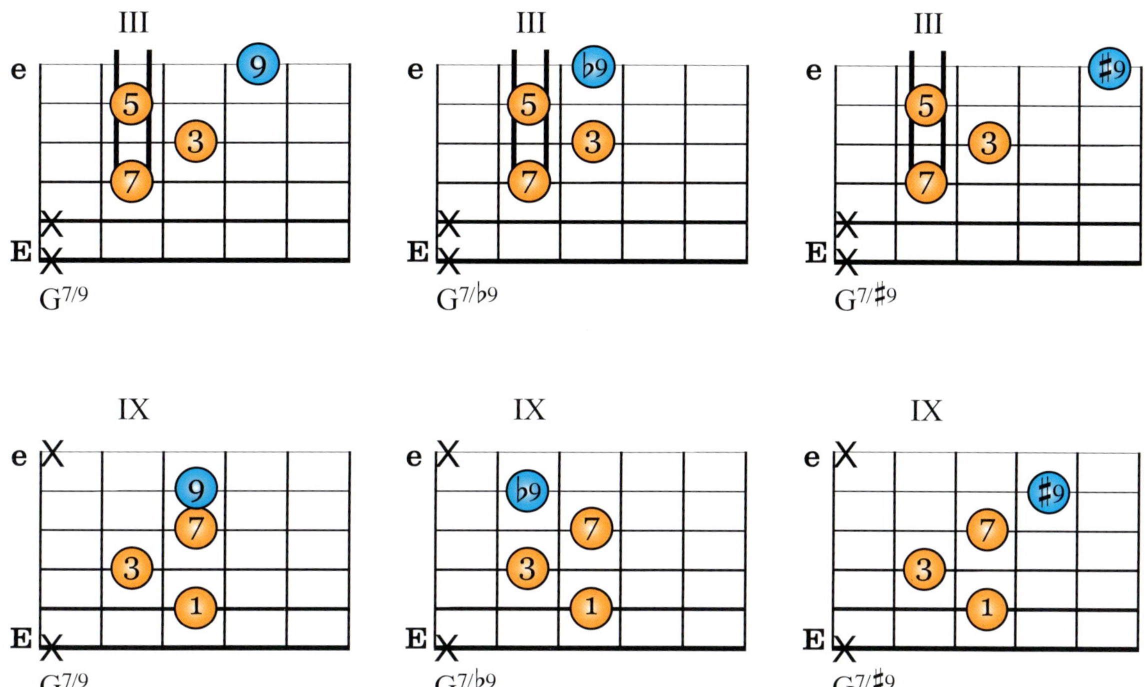

Die abgebildeten Akkord-Diagramme dienen zur Veranschaulichung, nicht zum Training der jeweiligen Griffe. So spiele ich z.B. G7/b9 in Lage III ohne Barré, in Lage IX dagegen mit.

Das G7/#9-Voicing in Lage IX ist übrigens als E7/#9 in Lage VI der legendäre „Jimi-Hendrix-Akkord", aus z.B. „Purple Haze".

Die hier eingeführten Töne Ab (für die b9) und A# (für die #9) sind nicht im Tonmaterial von C-Dur enthalten! Wir haben sie nur über unser Schablonenmodell gefunden und können somit Akkorde solchen Typs dann konstruieren und spielen. Das eigenmächtige Alterieren einer vorgegebenen Begleitung erfordert Kenntnis der aktuellen Tonart und auch Erfahrung im Umgang mit Akkorderweiterungen.

Bei der 11 gibt es nur die Erhöhung zur **#11**, denn die Verminderung um einen Halbton führte ja zur großen Terz und dieser Posten ist schon besetzt. Beispiele für Griffe:

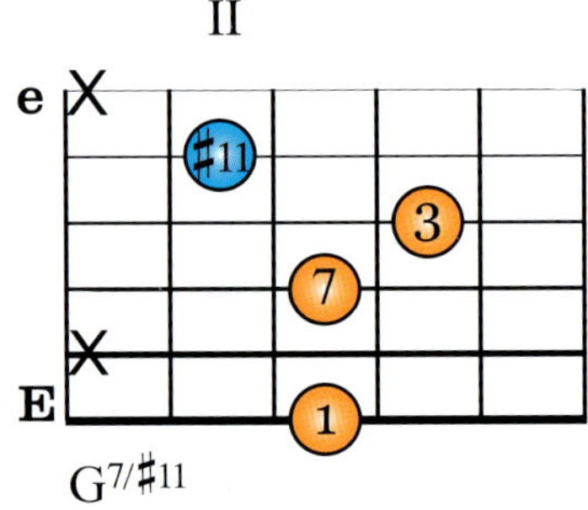

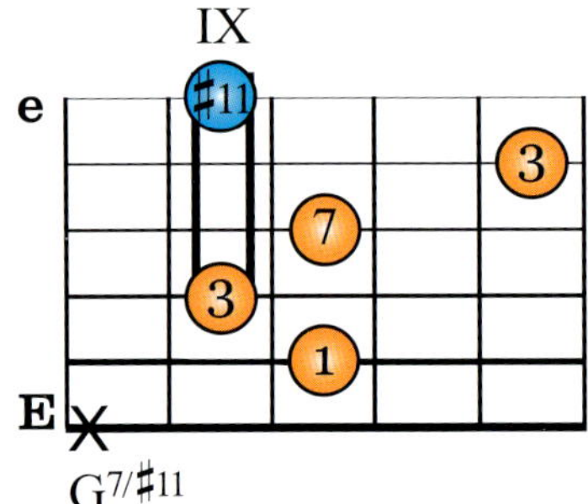

Die 13 dagegen ist nur nach unten zur **b13** (manchmal auch als übermäßige Quinte #5 geschrieben) alterierbar, denn hier ergäbe die Erhöhung um einen Halbton die bereits besetzte (kleine) Septime.

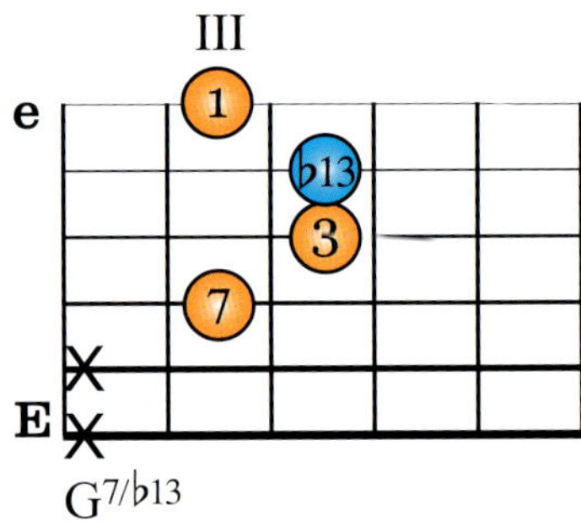

Ein alter Bekannter

Verzichtet man beim G7b13 auf die Septime (man müsste den Akkord dann korrekt G b6 nennen und zudem das b eindeutig der 6 zuordnen, um eine Verwechslung mit dem Grundton Gb auszuschließen) und greift auf der D-Saite statt der Septime den Grundton G, ergibt sich folgender, fast identisch klingender Gaug (übermäßig).

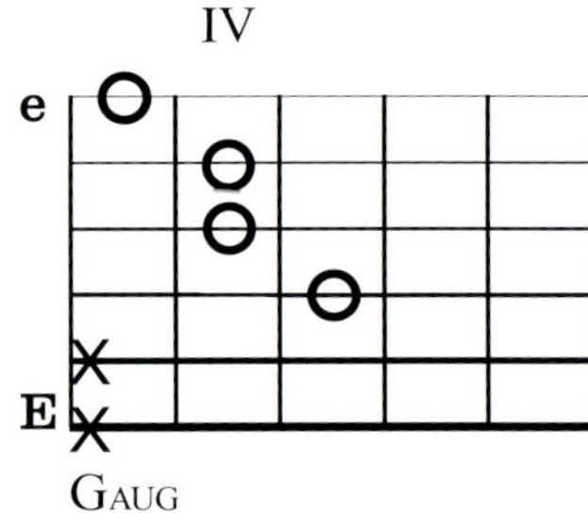

7/9/#11

Greift man zum oben dargestellten G7/b13 noch den Ton Db auf der A-Saite, so entsteht ein wiederum sehr ähnlich klingender Fünfklang Db7/9/#11. Warum dieser Akkord tatsächlich als Ersatz für das G7/b13 verwendet werden darf, erfahrt Ihr im Kapitel Tritonussubstitution auf Seite 65.

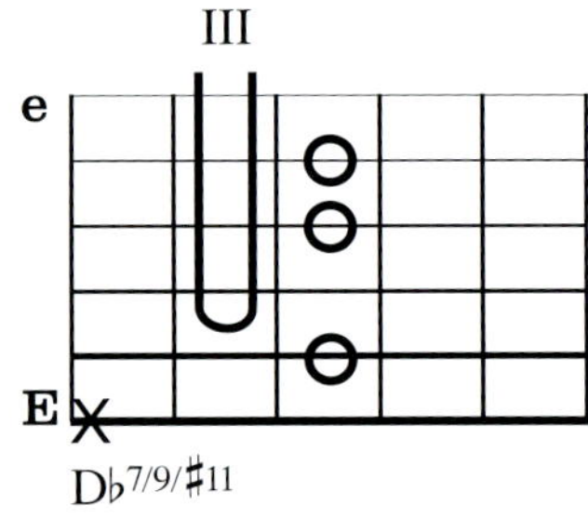

Bei den Akkordtypen maj7 und min7 sind die Erweiterungen b9, #9, #11 und b13 eher selten. Mir ist wohl schon ein min7/b9 über den Weg gelaufen, …

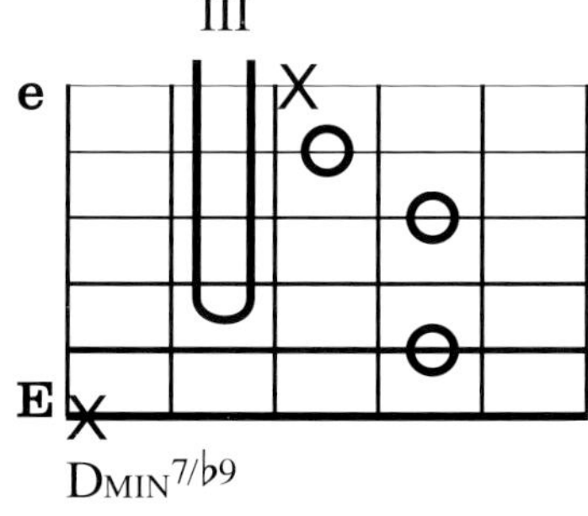

… weil dies durch die Melodie so erzwungen wurde, aber das ist ein Einzelfall. Die Ausnahme bilden maj7/#11-Akkorde, die sozusagen auf natürliche Weise in einer Durtonleiter entstehen. In jeder Durtonleiter entsteht ja nicht nur auf der I., sondern auch auf der IV. Stufe ein maj7-Akkord. In C-Dur ist dies Fmaj7:

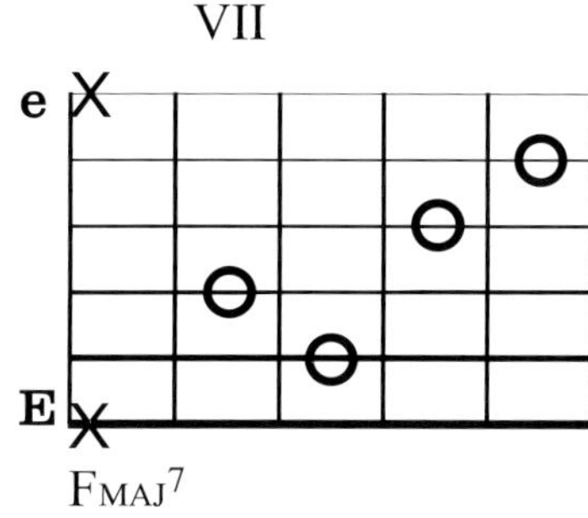

Erweitert man diesen Akkord mit dem Ton B, welcher ein Bestandteil der C-Dur-Tonleiter ist, so erhält man folgenden Akkord:

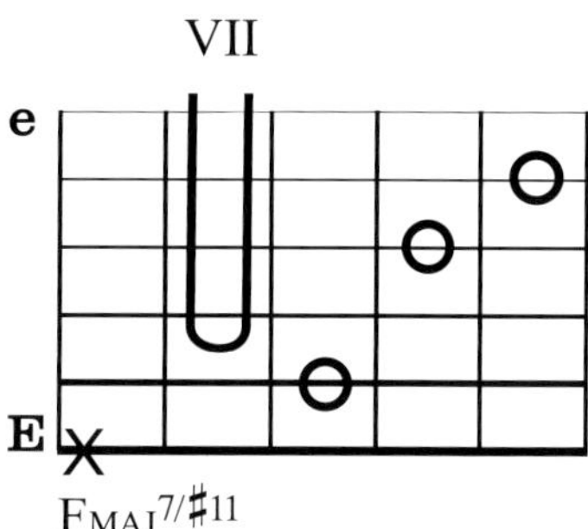

Die Betitelung #11 kommt natürlich durch die Beschreibung des Intervalls vom Ton F aus gesehen. Eine reine Quarte ab F erreicht den Ton Bb, die übermäßige Quarte (#4 oder #11) den besagten Ton B. **So kommt ein Akkord, der ausschließlich mit Material aus einer vorzeichenlosen Tonart gebaut ist, zu einem Vorzeichen im Akkordsymbol.**

Noch mal zurück zu den Vierklangerweiterungen. Wir haben kennengelernt: b9, 9, #9, 11, #11, b13 und 13. Natürlich dürfen diese Stufen auch simultan auftreten, wie etwa beim Akkord G7/b9/b13. Möglicherweise (wenn Ihr bis hierher schön geübt habt) kommt Euch dieser Griff bekannt vor. War das nicht ein Fmin7/b5?

Der Einsatz identischer Griffe in unterschiedlichen harmonischen Verbindungen ist ein Dauerbrenner, so dass ich diesem Thema ein eigenes Kapitel gewidmet haben. Ich bezeichne solche Griffe als

Doppelagenten

Zum Verständnis werde ich einige Akkorde, welche zwar exakt identisch gegriffen werden, aber aus unterschiedlichen Tonarten stammen, jeweils mit ihrem (zum Teil nicht gegriffenen) Grundtönen darstellen.

Die Pointe ist, dass diese Mehrdeutigkeit auch sofort praktisch genutzt werden kann. Wenn Ihr also beispielsweise gelernt habt, dass ein Abmin6 und ein Fmin7/b5 identisch sind (mit kleinen Einschränkungen, siehe unten), dann dürft Ihr ein Abmin6 natürlich auch mit anderen Griffvarianten von Fmin7/b5 ersetzen, und zwar prinzipiell!

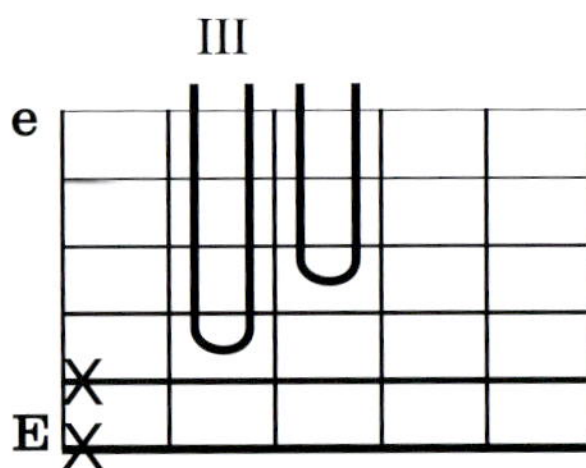

Also, dieser Griff kann sein:

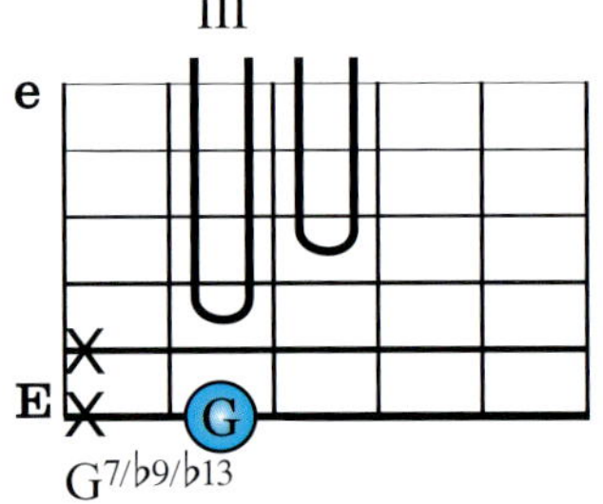

a) G7/b9/b13
(ohne Grundton)

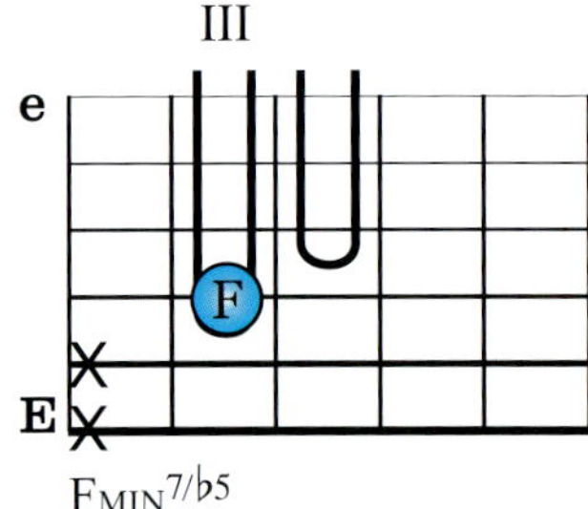

b) Fmin7/b5
(F-halbvermindert)

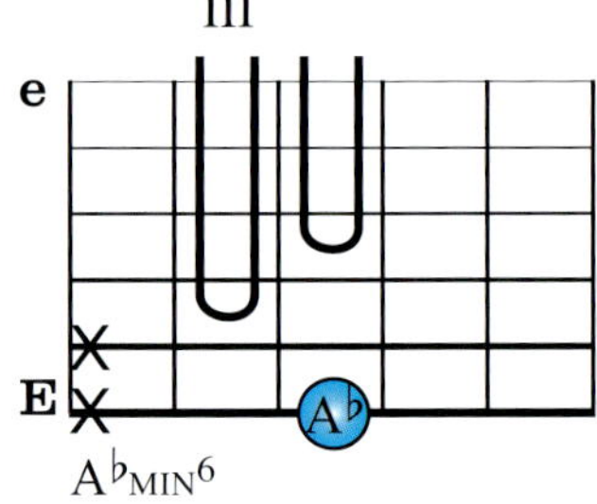

c) Abmin6
(ohne Grundton im Bass)

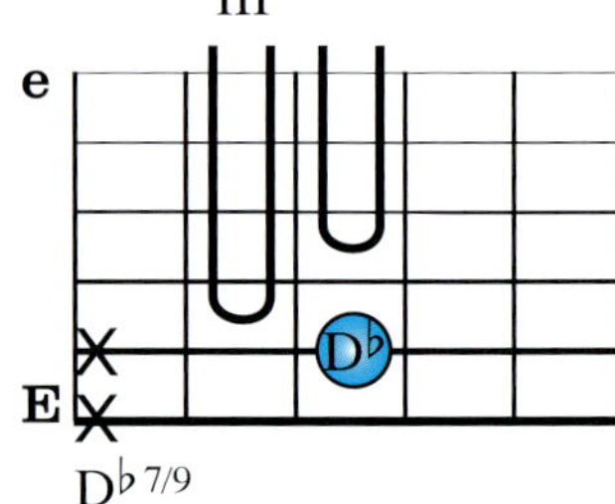

d) Db7/9
(ohne Grundton)

Vorsicht, Leerzeichen!

In Variante d kann man bei der Notation des Akkordnamens fehlgehen, zumindest bei einem Verwandten dieses Akkords: Der Akkord Db9 ist nicht eindeutig. Je nach Position des Leerzeichens kann es sich um ein Db-Dur mit der 9 erweitert (Db 9) oder um ein D-Dur mit der b9 (D b9) erweitert handeln. Ist kein Leerzeichen verwendet worden, muss der Akkord aus dem harmonischen Zusammenhang geschlossen werden. Im hier dargestellten Akkord ist aber auch die Schreibweise Db7/9 eindeutig, da es in der Akkordsymbolschrift ja keine b7 gibt, nur 7 oder maj7.

Möglicherweise gibt es noch weitere Deutungen (man denke z.B. an Emaj7/b9 – herleitbar, aber nur ein theoretisches Gebilde), doch die abgebildeten sind die diejenigen, die tatsächlich in freier Wildbahn vorkommen.

Noch einer.

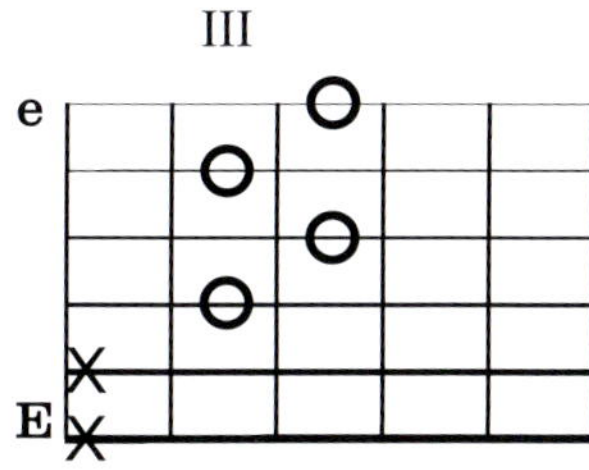

Ihr habt diesen Akkord bei den verminderten Akkorden kennengelernt. Auch hier wieder einige Akkorde, welche zwar exakt identisch gegriffen werden, aber unterschiedliche harmonische Funktionen haben, jeweils mit ihrem (zum Teil nicht gegriffenen Grundtönen. Der abgebildete Griff kann funktionieren als:

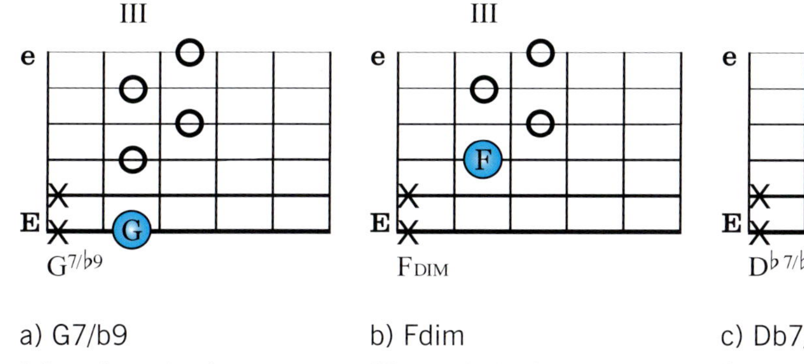

a) G7/b9
(ohne Grundton)

b) Fdim
(F-vermindert)

c) Db7/b9
(ohne Grundton)

Ein vielseitiger Dreiklang

Schaut man Gitarristen des Jazz Manouche oder Sinti-Jazz auf die Finger, erkennt man sehr häufig diesen Griff, hier beispielhaft in Lage IV:

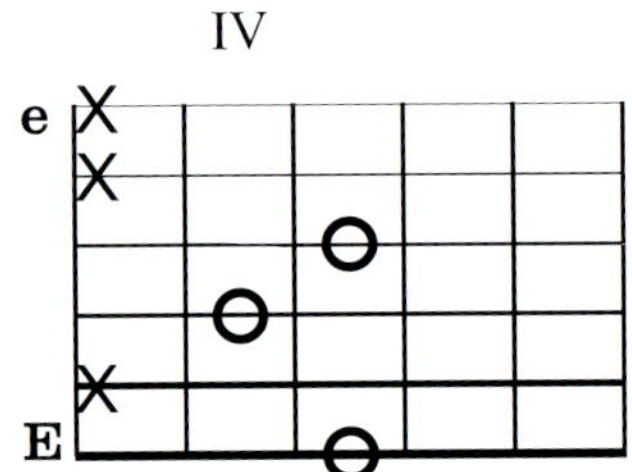

Fast jeder Gitarrist des Sinti-Jazz hat seine Wurzeln im Übervater Django Reinhardt. Wie bekannt hatte dieser geniale Musiker wegen eines verheerenden Brandunglücks in jungen Jahren nur zwei voll funktionsfähige Finger (den Zeige- und den Mittelfinger) an seiner linken Hand. Dass er einer der virtuosesten Gitarristen aller Zeiten wurde, ist ein Wunder und seinem musikalischen Genie (sowie jeder Menge harter Arbeit) geschuldet.

Mit zwei Fingern realisierbare Akkorde gibt es nicht allzu viele, aber der rechts abgebildete kann schon allerhand Aufgaben übernehmen, wie ich bereits am Anfang dieses Kapitels vorgestellt hatte. Den hat Django Reinhardt nahezu in jedem Song eingesetzt, in welchem er überhaupt Akkorde gespielt hatte.

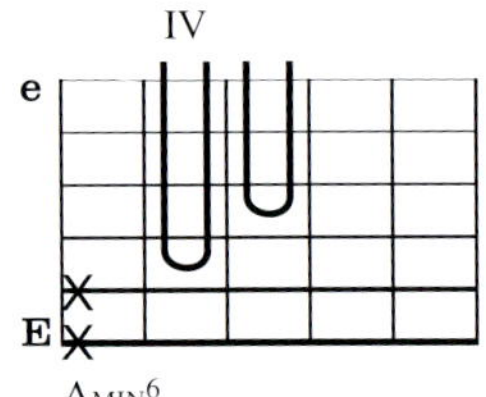

AMIN6

Eine weitere Eigenheit im Sinti-Jazz ist es, dass die tiefe E-Saite nicht unbenutzt bleiben darf. Gerade die traditionelle (und unverstärkte) Gitarrenbegleitung des Solisten erforderte „schmale" Griffe mit möglichst „fettem" Sound, wie es übrigens auch die Begleitgitarren-Legende Freddy Green zeitlebens praktiziert hatte.

Liegt also ein Griff mit Grundton auf der A-Saite vor, wird statt diesem eben die Quinte auf der tiefen E-Saite gespielt. So kommt es, dass der oben dargestellte Dreiklang sowohl als Moll-Tonika, als Dominantseptakkord oder auch als verminderter Akkord eingesetzt wird. Insbesondere an die Septakkorde über der Quinte (z.B. D7/9 /A) muss man sich schon erst einmal gewöhnen, bevor man sie im Spiel des Mitmusikers erkennen kann.

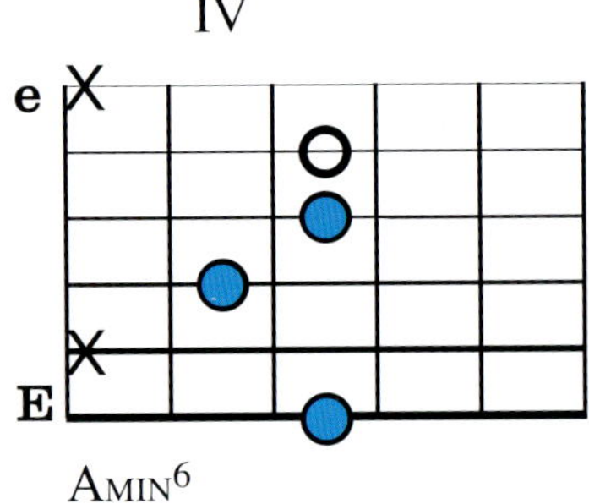

AMIN6

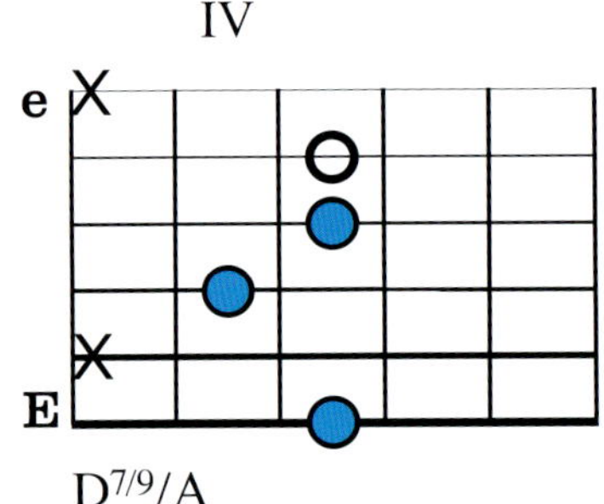

D7/9/A

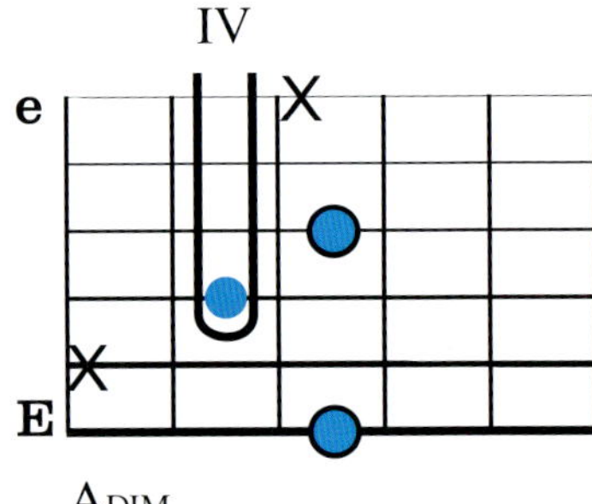

ADIM

Substitutionen

Der Begriff „Substitutionen" wird für Akkorde verwendet, die in einer Verbindung andere ersetzen, ohne dabei die grundlegende harmonische Struktur zu verändern. Im Folgenden werden drei gebräuchliche Ersetzungen vorgestellt.

Die Tritonussubstitution (Tritonusvertauschung)

Ein Tritonus ist ein Intervall, das drei Ganztöne umfasst. Auf der Gitarre entspricht dies einem Abstand von sechs Bünden (drei Ganztöne = sechs Halbtöne). Die Richtung ist hierbei egal. Da wir uns in einem System von 12 Tönen befinden, führt ein Weg von 6 Schritten immer genau zum zugehörigen Tritonuston. Einfach mal vom C aus probieren – wir landen immer beim F# bzw. Gb.

Gleichzeitig gespielt mit dem Grundton klingt ein Tritonus ... sagen wir mal: spannend. Auf jeden Fall schreit er geradezu nach Auflösung.

Man kann auf dem Tritonus eines Septakkords wieder einen Septakkord aufbauen (Kochrezept: Grundton, Durterz, kleine Septime, jedoch Quinte – zunächst – mal weglassen), welcher dann klanglich tatsächlich gut zu unserem Ausgangsakkord passt. Eklatant wird das, wenn ich dem neu gebauten Septakkord noch seine eigene verminderte Quinte (b5) bzw. übermäßige Quarte (#11) hinzufüge, also seinen eigenen Tritonus. Dieser ist nämlich – aha! – wieder der Grundton unseres Ausgangs-Dominantseptakkordes. Ok, viele Zahlen, viele Namen. Hier ein Beispiel:

| **Dmin7** | **G7** | **Cmaj7** | **%** |

Faulenzer %

Das Prozentzeichen wird in den Sheets eingesetzt, wenn in einem Takt exakt dasselbe gespielt werden soll wie im vorhergehenden. Die Schreibweisen

| Cmaj7 Amin7 Dmin7 G7 | Cmaj7 Amin7 Dmin7 G7 | und

| Cmaj7 Amin7 Dmin7 G7 | % |

beschreiben also beide die Wiederholung des ersten Taktes. Das Zeichen wird tatsächlich Faulenzer genannt.

Unsere bereits erwähnte ii-V-I-Verbindung in C-Dur (welche ab Seite 74 genauer erklärt wird). Das G7 ist der Dominantseptakkord zu C-Dur. Nun zum erwähnten Septakkord auf dem Tritonus Db. Wir erinnern uns: Grundton, große Terz, kleine Septime, **keine** Quinte, also Db-F-B. Das ergibt bis dahin ein Db7 (ohne Quinte). Als vierten Ton nehmen wir noch das G (welches ja zu Db ebenso der Tritonus ist, wie es das Db zu G darstellt). Dies ergibt jetzt den Akkord Db7/b5 oder Db7/#11, wobei die letztere Schreibweise eher verwendet wird.

#11 vs #4 – nicht ganz eindeutig

Hier ist die Akkordsymbolschrift nicht ganz konsequent. Wichtig ist ja, dass in dem Akkord kein Ab (also keine reine Quinte zu Db) vorkommt, sondern immer, und zwar egal in welcher Höhe dieser Ton gegriffen wird, der Tritonus G. Wenn Ihr Euch an die Tabelle mit den Intervallen erinnert, wird der Tritonus als #4 (übermäßige Quarte) oder b5 (verminderte Quinte) definiert. Eine #11 lokalisiert unseren Tritonus dagegen in die nächste Oktave und verhindert streng genommen nicht das Vorkommen einer reinen Quinte Ab. Da allerdings ein Db7/#11 mit Quinte Ab gar nicht so leicht auf der Gitarre zu greifen ist und ich auch keine solchen dubiosen Akkorde in dieser Abhandlung vorstelle, werdet Ihr nicht in Gewissenskonflikte kommen.

Als neue ii-V-I schreiben wir nun | Dmin7 | Db7/#11 | Cmaj7 | % | Das liest sich nun allerdings schon viel weniger vertraut als vorher. Ich zeige hier mal die zu tauschenden Griffe, vielleicht klingt's ja besser, als es aussieht. In der Akkordverbindung Dmin7-G7-Cmaj7

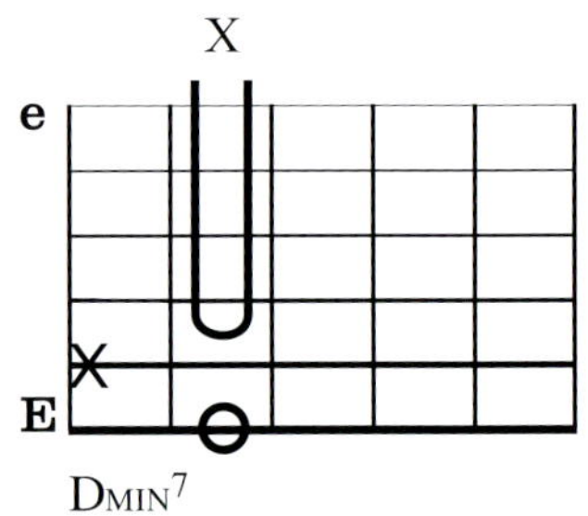

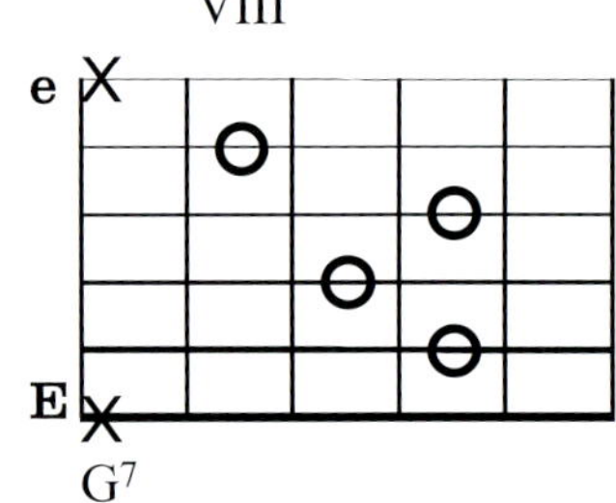

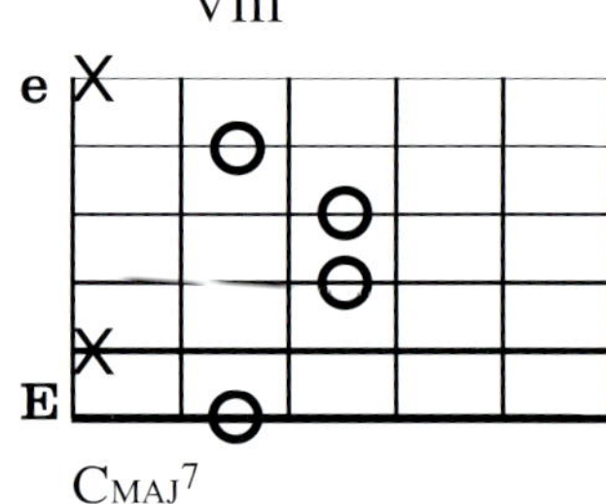

wird also der Dominantseptakkord G7 gegen sein Tritonussubstitut (seinen Ersatzmann) Db7/#11 getauscht:

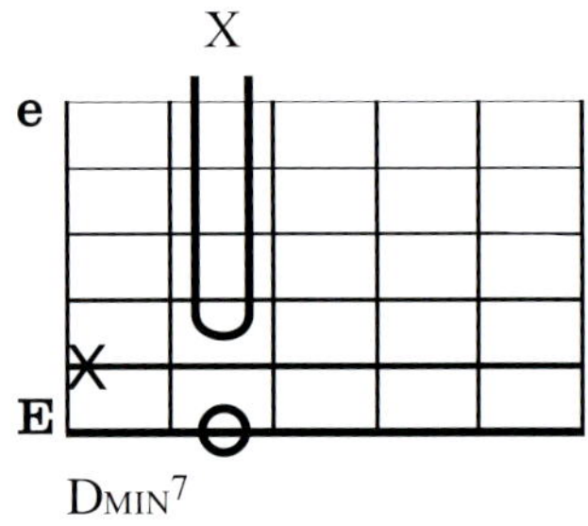

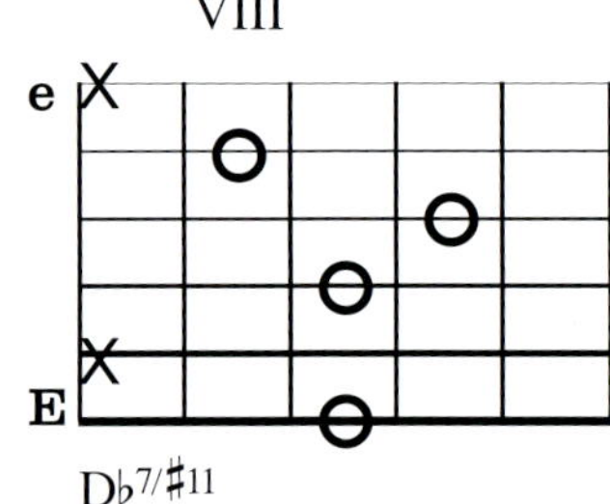

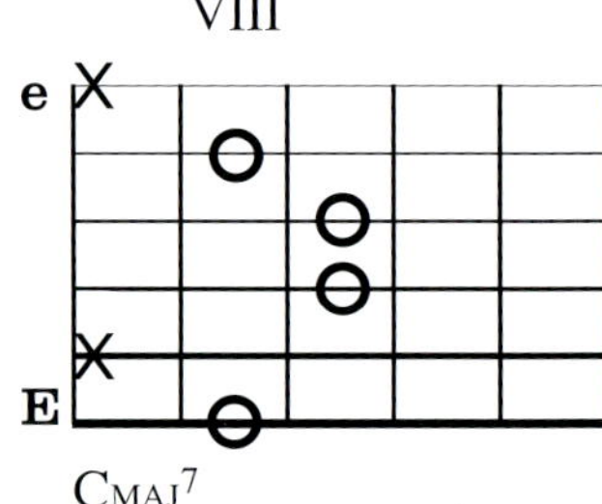

Dieses Voicing könnt Ihr derart oft einsetzen, dass es sich wirklich lohnt, es viel und in unterschiedlichsten Tonarten zu üben (verschieben und auszählen!).

Den Wechsel zwischen einem Dominantseptakkord und seinem zugehörigen Tritonus-Partner solltet Ihr unbedingt haptisch automatisieren (auf deutsch: viel spielen)! Als Start einer Fingerübung eignet sich hier insbesondere der G7-Akkord in der VIII. Lage, der ja aus einem verschobenen (transponierten) C7 entstanden ist (vgl. Seite 37). Man muss nur zwei Fingerchen umsetzen (man würde es auch mit einer Umsetzung schaffen, wenn man seinen Ringfinger „verbiegt") und kann dann sogar in einem Takt beide Akkorde unterbringen. In tieferer Lage stellt sich die zu übende Verbindung so dar:

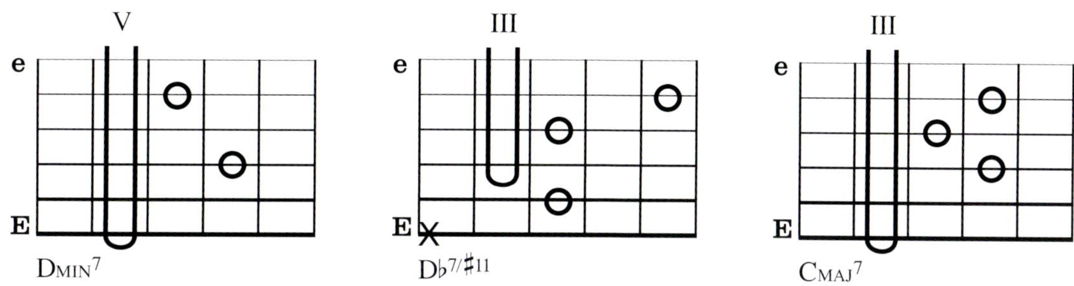

Das Db7/#11 ist übrigens in dieser Version ein echter Fingerbrecher.

Und mal zwei Beispiele für eine Tritonusvertauschung, wie übereinandergelegte Folien:

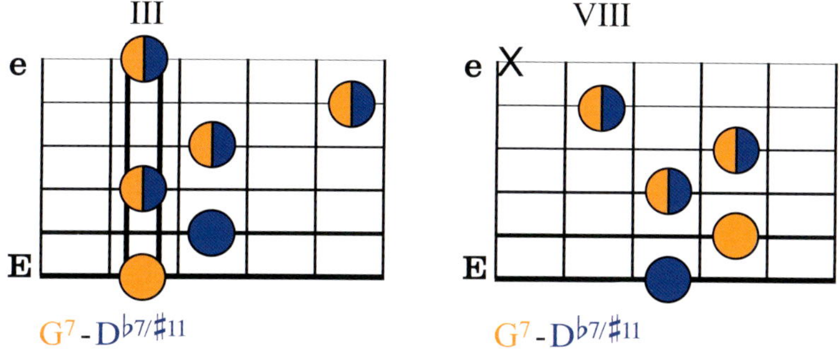

Parallelen

Bei der Einführung in die Funktionstheorie hatte ich sie kurz erwähnt: Auf Stufe ii (Subdominant-Parallele) und vi (Tonika-Parallele), den Nebenstufen, finden wir sogenannte Moll-Parallelen. Ihr habt sicherlich schon festgestellt, dass sich beispielsweise die Akkorde C-Dur und Amin klanglich wie auch vom Griff durchaus ähneln. Wie schon beschrieben, hat ein Amin7/9 ohne Grundton sogar das identische Tonmaterial wie ein Cmaj7:

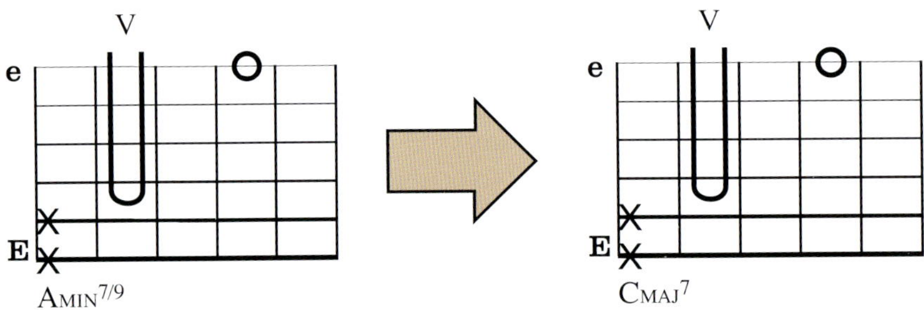

Bisweilen werden Tonika oder Subdominante durch ihre jeweilige Parallele ersetzt. So ist der B-Teil des Standards „Blue Moon" manchmal / Fmaj7 G7 / Cmaj7 / (also klassische Subdominante-Dominante-Tonika Abfolge) notiert, in anderen Sheets findet man dagegen / Dmin7 G7 / Cmaj7 /, was beides wunderbar funktioniert.

Es ist immer eine Gratwanderung, zu entscheiden, ob zum Beispiel eine vi. Stufe (also Amin7 in der Tonart C-Dur) nur eine Substitution einer Tonika ist, oder ein Akkord, der als tragende Unterstützung einer Melodie eben nicht als Ersatz für einen maj7-Grundakkord herhält. Ob ihr bisweilen einen maj7-Akkord durch seine Mollparallele ersetzen könnt, muss von Fall zu Fall Euer Ohr entscheiden. Häufiger zum Einsatz kommen allerdings

Gegenklänge

Für die Hauptstufen Tonika und Dominante gibt es jeweils eine Nebenstufe, die den sogenannten Gegenklang zur jeweiligen Hauptstufe bildet. Bei der Tonika ist dies die iii. Stufe (ein min7-Akkord), bei der Dominante die vii. Stufe, ein min7/b5-Akkord. Klanglich sind diese Nebenstufen sehr nah an den jeweils zu substituierenden Hauptstufen, da ihr Grundton die Terz des betreffenden Akkords ist. Der Tonika-Gegenklang Emin7 beinhaltet aus der Tonika Cmaj7 die Töne E (große Terz), G (reine Quinte) und B (große Septime) und bringt den Ton D mit, von C aus gesehen die große Sekunde (oder große None).

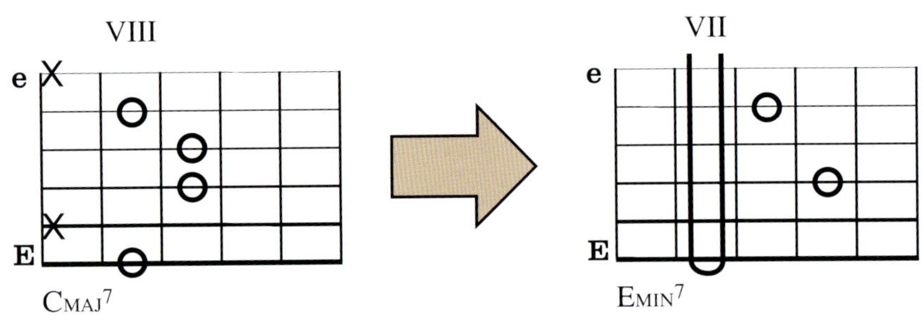

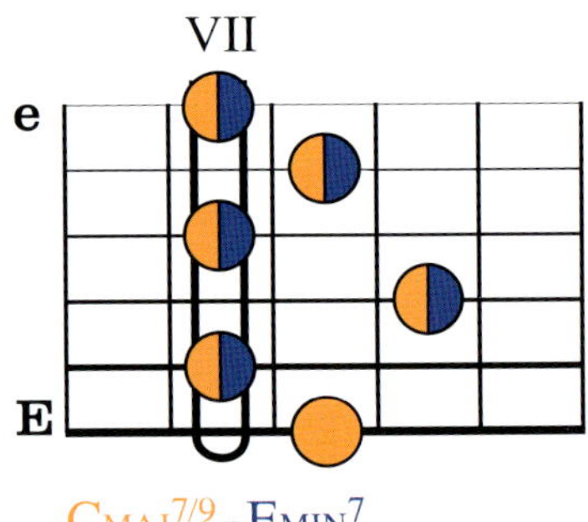

Ein Cmaj7/9 ohne Grundton und ein Emin7 haben also identisches Tonmaterial.

Den Ersatz der Tonika durch ihren Gegenklang finden wir im Jazz wirklich häufig. Gerade in I-vi-ii-V-Verbindungen (der Einfachheit halber gerne mit 1625 abgekürzt) verwenden Komponisten wie Interpreten gerne die iii statt der I. Aus der Folge / Cmaj7 Amin7 / Dmin7 G7 / wird somit / Emin7 Amin7 / Dmin7 G7 /

Auch der **Dominant-Gegenklang** bringt uns Abwechslung in unsere Septakkord-Sammlung. In C-Dur kann somit statt eines G7 ein Bmin7/b5 gespielt werden, also der Dominantseptakkord durch seinen Gegenklang ersetzt werden.

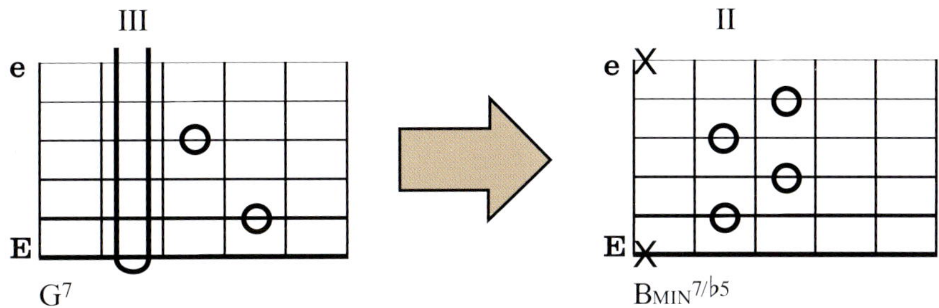

Betrachtet man die einzelnen Töne des Bmin7/b5, so entsprechen sie einem G7/9 ohne Grundton. Im Prinzip kann also statt eines Dominantseptakkordes der auf dessen Terz gründende min7/b5-Akkord verwendet werden.

Vorsicht vor Automatismen!

Die hier erwähnten Substitutionsmöglichkeiten für Tonika und Dominante gelten in Durtonleitern. In Molltonarten (z. B. Harmonisch- oder Melodisch-Moll), welche ich im begrenzten Rahmen dieser Abhandlung nicht besprechen kann, entstehen zum Teil andere Akkorde und auch andere Gegenklang-Bezüge.

Als Faustformel für die Praxis kann formuliert werden, dass die Substitution eines Dominantseptakkords durch seinen min7/ b5-Gegenklang korrekt ist, wenn die Dominante zu einer Dur-Tonika führt. Zum Beispiel kann in einer Verbindung Gmin7 - C7 - Fmaj7 der Akkord C7 durch Emin7/b5 substituiert werden.

In einer Verbindung Dmin7/b5 - G7 - Cmin7 (Tonart C-Harmonisch-Moll) ist die Substitution des G7 durch Bmin7/b5 nicht korrekt, da der dort vorhandene Ton A nicht im Tonmaterial von C-Moll oder C-Harmonisch-Moll enthalten ist. Richtige wäre – um dies nicht vorzuenthalten – Bdim.

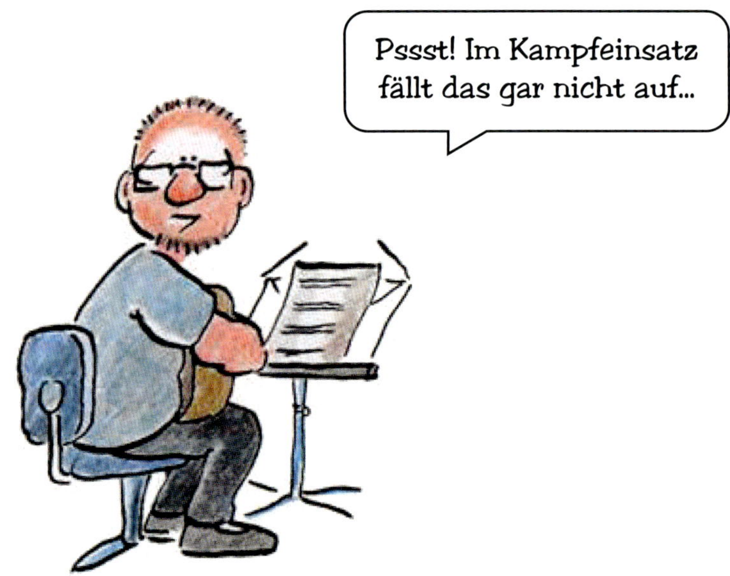

Umkehrungen

Das Spielen einer Umkehrung eines Akkords ist keine Substitution. Dennoch ist ein solches Verfahren bisweilen sehr hilfreich, wenn die Begleitung abwechslungsreicher gestaltet werden soll. Wie schon im Kapitel Doppelagenten auf Seite 62 beschrieben, werden die Töne des Griffs oft einfach umgestellt, so dass zum Beispiel der jeweilige Ton auf der hohen E-Saite in den Bass wandert oder umgekehrt. Ich selbst verwende gerne Umkehrungen, zumeist tatsächlich von Dreiklängen. Insbesondere, wenn ich den Grundton auf einer hohen Saite (und somit in der Melodie) brauche. Aus dem Lagerfeuerakkord G-Dur entsteht einfach durch Weglassen der tiefen E-Saite folgender Griff (G/B):

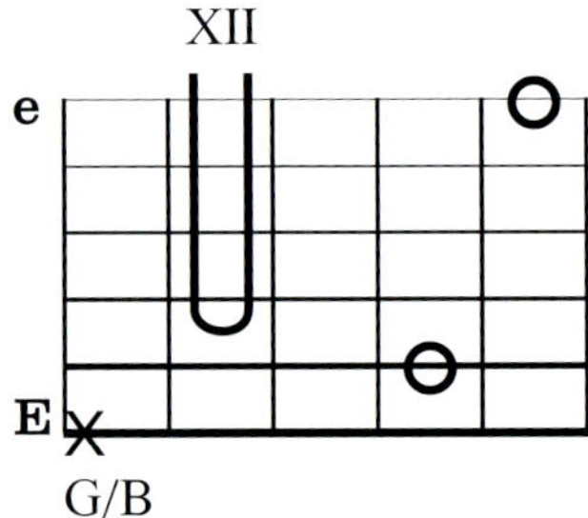

Dieser Griff hat zwei äußerst praktische Eigenschaften. Zum Einen können wir ihn auch in höheren Lagen spielen, wo die Verwendung eines „normalen", aus dem Lagerfeuer-Akkord E-Dur stammenden Griffes ausscheidet, zum Beispiel weil die Gitarre keinen Cutaway hat. Zum Anderen bietet die Terz (in unserem Fall das B) statt eines weiteren Grundtons im Bass klangliche Abwechslung.

Die Terz macht sich ohnehin gut im Bass, wie man an diesem vom Lagerfeuer-Akkord D-Dur abstammenden Griff sieht (genauer: hört).

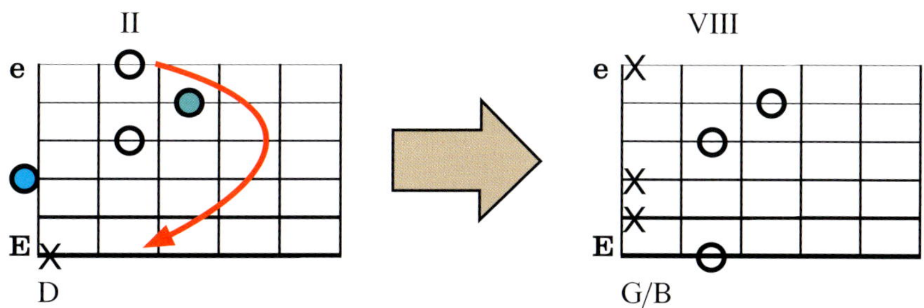

Das ist eine der meistverwendeten Dreiklangumkehrungen. Und wenn man bei diesem Griff noch ein G auf der D-Saite ergänzt, was ja dann immer noch ein Dreiklang bleibt, hat man mit dem G/B auch eine Umkehrung eines Emin7:

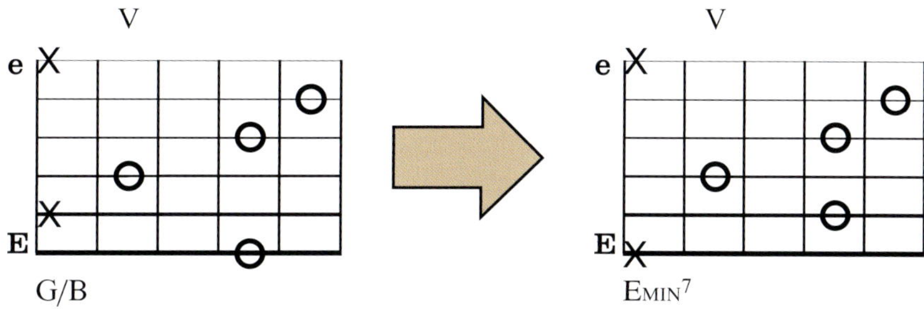

Ein Dreiklang mit vier Tönen?

Ein Dreiklang ist definiert als ein Akkord, dessen drei Töne jeweils ein Terz-Intervall voneinander entfernt sind. Also **Grundton** + [Terz] führt zur **Terz** + [Terz] führt zur **Quinte**. Auf Seite 14 habe ich Euch ja die Struktur der Vierklänge erklärt. Hier ist es genau so, nur eben ohne Septime.

Jeder Ton eines Dreiklangs kann nach unten oder oben oktaviert sein und auch mehrfach vorkommen, ohne dass dies den Drei- zu einem Vier-, Fünf- oder Sechsklang macht. Beim Lagerfeuer-Akkord E-Dur können alle sechs Saiten gleichzeitig gespielt werden und es erklingen dabei dennoch nur drei unterschiedliche Töne (E, B, E, G#, B, E).

Verbindungen

Akkorde kommen nur äußerst selten alleine vor. Insbesondere im „funktionsharmonischen" Jazz sind Akkorde zumeist in Verbindungen angeordnet, welche aus verschiedenen Stufen der jeweiligen Tonart gebildet werden.

ii-V(-I) Verbindung

Die mit Abstand in den Jazzstilen bis zum Bebop am häufigsten eingesetzte Verbindung ist die ii-V-Verbindung, bisweilen mit der zugehörigen Tonika auf der I. Stufe (ii-V-I-Verbindung), noch häufiger ohne. Der Song „Oye Como Va" von Tito Puente, der von Carlos Santana weltberühmt gemacht wurde, besteht tatsächlich nur aus einer ständig wiederholten ii-V-Verbindung. Das ist allerdings kein Jazz-, sondern ein Rockstandard.

> Wie schon erwähnt, schreibe ich die römischen Ziffern der Stufen je nach Tongeschlecht groß (Dur) oder klein (Moll), eine verbreitete, aber nicht genormte Schreibweise.

Die Kombination des Mollakkords auf der zweiten und dem Septakkord auf der fünften Stufe einer Durtonart zwingt unsere Ohren in diese Tonart, selbst wenn die ii-V nur zu einer Stufe der Ausgangstonart führt. Ein Beispiel aus C-Dur:

/ Cmaj7 / Gmin7 C7 / Fmaj7 / % /

Nun sind sowohl Cmaj7 wie auch Fmaj7 Stufen in C-Dur. Cmaj7 ist die Tonika auf der I, Fmaj7 die Subdominante auf der IV. Gmin7 und C7 ist eine ii-V aus der Tonart F-Dur, in der Fmaj7 die Tonika bildet. Aufgrund der sehr starken Einleitung des Fmaj7 durch die ii-V-Verbindung „vergisst" unser Ohr die Originaltonart C-Dur und erwartet eine Tonika (also hier die I. Stufe aus F-Dur) und eben nicht eine Subdominante (die IV aus C-Dur). Diese Information ist allerdings zwar für Solisten und Improvisateure relevant, betrifft uns bei der Betrachtung der Verbindungen als Begleiter aber nicht.

ii-V-Verbindungen sollt Ihr wirklich in jeder Lage und in möglichst vielen Variationen spielen. Hier einige Beispiele, zunächst mit den Akkorden aus C-Dur, Dmin7 und G7:

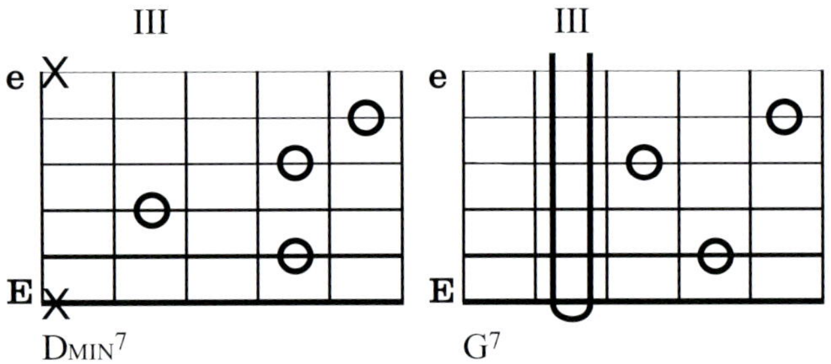

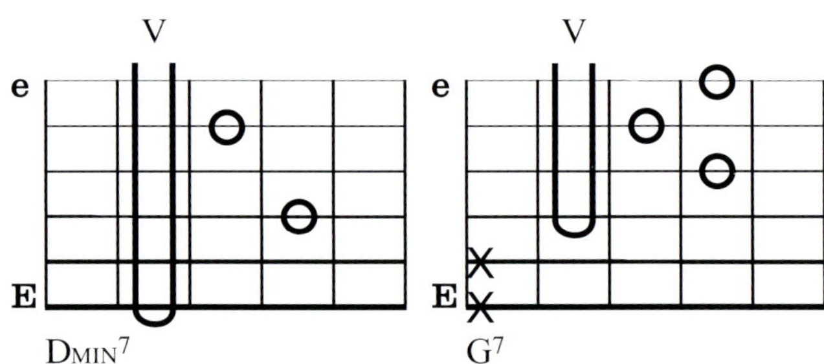

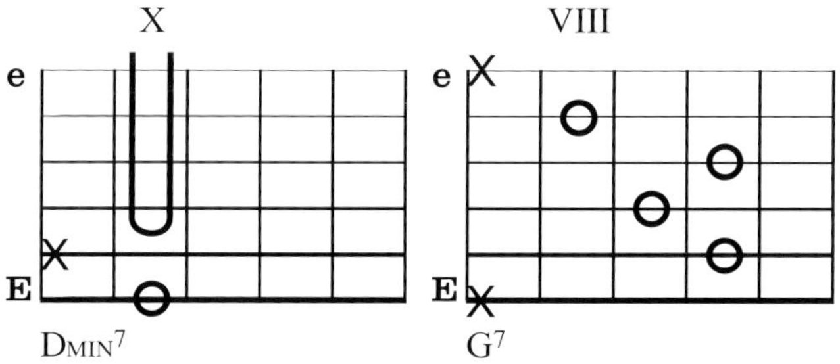

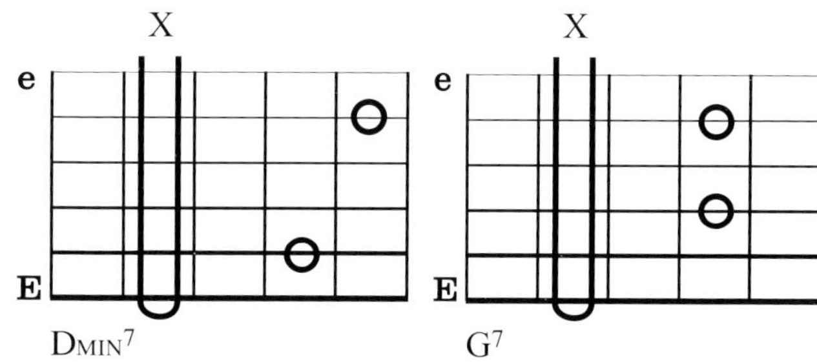

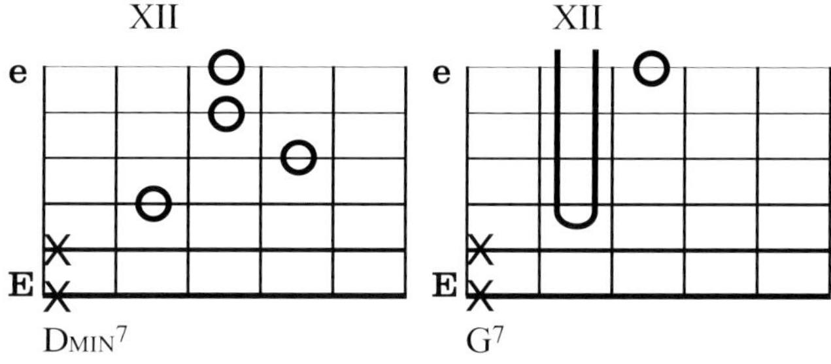

Bei den abgebildeten Griffpaaren habe ich stets zwei in derselben Lage gewählt. Das ist zwar bequem, aber keinesfalls Pflicht. Und es wurden weder für Dmin7 noch für G7 irgendwelche Erweiterungen verwendet. Die Möglichkeiten sind vielfältig!

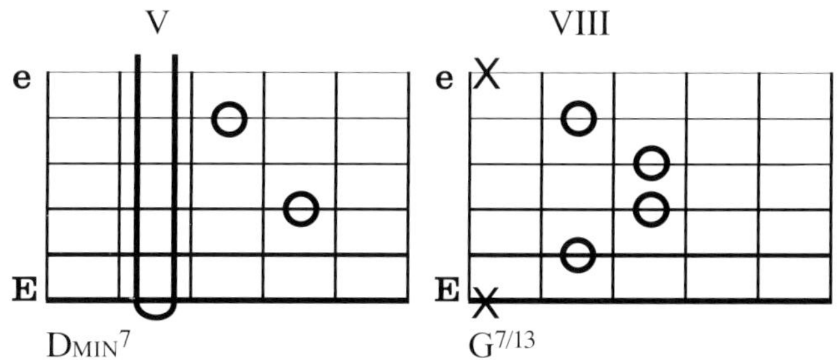

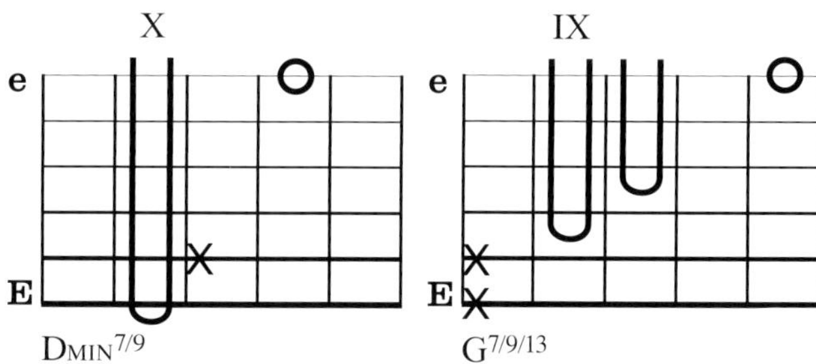

Die Pointe beim in der obigen Zeile rechts dargestellten Pärchen ist, dass der Ton E (auf dem 12. Bund der hohen E-Saite) liegen bleibt. Es ist durchaus ein probates Stilmittel, ii-V-Verbindungen sehr „eng" zu spielen, so dass sich also beim Wechsel möglichst wenige Töne ändern. Siehe auch das erste Beispiel auf der vorigen Seite in Lage III oder das folgende:

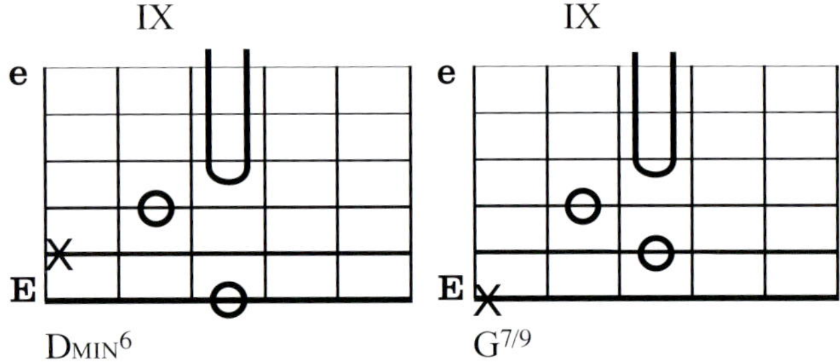

Das Liegenlassen oder auch Betonen gemeinsamer Töne von unterschiedlichen Akkorden in einer Verbindung nennt man **Voice-Leading**. Eine elegante Art, interessantere Begleitungen zu schaffen.

Es ändert sich vom Moll-Akkord der ii. Stufe zum Septakkord der V. tatsächlich nur ein Ton, der jeweilige Grundton von D auf G. Wollt Ihr die Akkorde ohne Grundtöne spielen, müsst Ihr überhaupt nicht wechseln. Aber ebenso wie das Hinzufügen eines Akkordes (siehe „Related Two" im Folgenden) die Harmonik nicht verändert, kann auch das Weglassen eines Akkords unproblematisch sein, wie eben in diesem Fall hier.

Selbstverständlich müsst Ihr diese (und alle möglichen, die Ihr selbst herausfinden sollt) ii-V-Verbindungen in allen, wirklich allen Tonarten sorgfältig einüben.

1625-Verbindung

Die I-vi-ii-V-Verbindung, einfach 1625 genannt, ist neben der bereits erwähnten ii-V-(I) im Jazz sehr häufig anzutreffen. Manche Hits bestehen ausschließlich (z.B. „I Got Rhythm"), viele überwiegend (z.B. „Blue Moon") aus 1625ern. Zudem wird diese Akkordverbindung sehr häufig als Turnaround (eine Wendung am Ende eines Song-Durchgangs, mit welcher der nächste Durchgang eingeleitet wird) eingesetzt. In unveränderter Form keine besonders aufregende Akkordfolge:

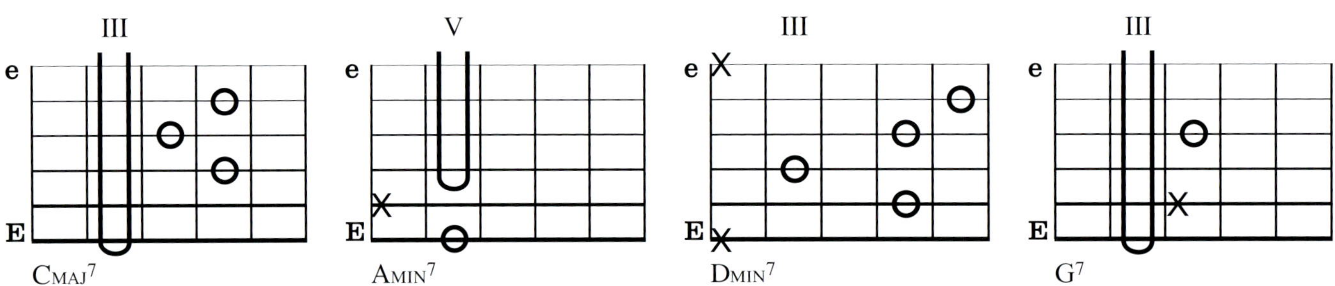

Da solche Folgen bisweilen vielfach aneinander gereiht werden müssen, solltet Ihr wirklich möglichst viele Griffvarianten kennen. Zwei weitere 1625er in C-Dur zum Einstieg:

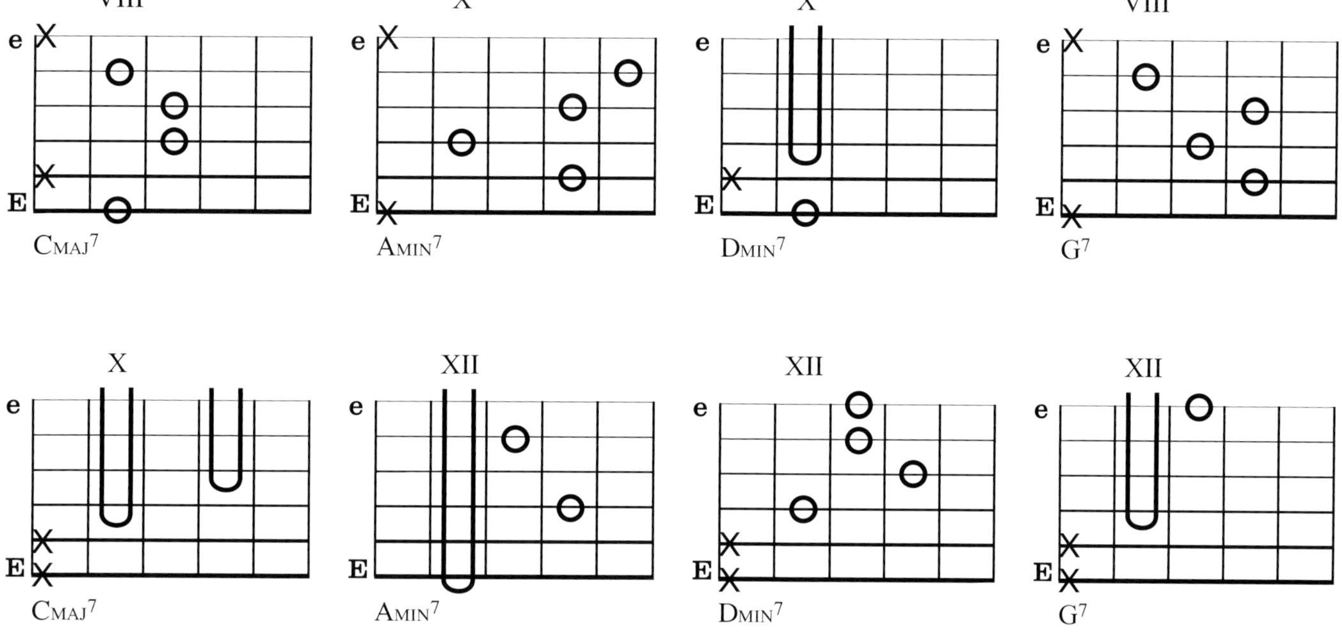

Die beiden zuletzt abgebildeten 1625er sind natürlich sehr „hoch“, also am Ende des Griffbretts, so dass dort das Greifen eventuell schon unbequem werden kann, insbesondere im letzten Beispiel. Allerdings sollt Ihr ja die Folgen immer in alle nur denkbaren Tonarten übertragen und einüben, so dass die in C-Dur noch kaum spielbaren Akkorde in z.B. F-Dur durchaus angenehm zu greifen sind.

Kommt Ihr in der Praxis in eine Situation, in der Ihr beispielsweise „I Got Rhythm“ begleiten sollt, so werdet Ihr nach einigen Durchgängen feststellen, dass Ihr mit den drei hier abgebildeten 1625ern nicht allzuweit kommt. Und die stete Wiederholung ist nun mal ein Garant für Langeweile. Von daher sucht Euch weitere Akkorde für die 1625, auch gerne mit erweiterten Akkorden, also etwa

/ Cmaj7/9 Amin7/9 / Dmin6 G13 /

und alles weitere, was Euer Herz begehrt (und Eure Ohren billigen). Aber Achtung, nicht jede Erweiterung passt zum Spiel des Solisten! Wenn auch für sich alleine gespielt ein G7/b9 oder G7/#9/b13 durchaus frischen Klang in Eure 1625 bringt, mag es sich mit dem Solo des Mitmusikers beißen. Daher beim Einsatz der Erweiterungen b9, #9, #11 und b13 Vorsicht walten lassen. Im folgenden Kapitel werde ich Euch allerdings noch einige Dinge verraten, mit denen Ihr die im Jazz unvermeidlichen 1625er gehörig aufpeppen könnt.

Reharmonisierung

Als Reharmonisierung oder Reharmonisation wird das Ersetzen und Hinzufügen von Akkorden in bestehenden Verbindungen bezeichnet. Das Ziel ist es dabei, für mehr Abwechslung zu sorgen und das jeweilige Stück interessanter zu machen. Dabei kann ein Stück gravierend verändert werden, so dass jegliche Reharmonisierung mit Bedacht auszuführen ist. Spielt Ihr überwiegend alleine, so ist dies kein Problem, sofern die Melodie des Stückes erkennbar ist. Im Ensemble können wir unsere Mitspieler durch spontane Reharmonisierung durchaus „schlecht" aussehen lassen, was sie uns dann mit Sicherheit übel nehmen werden.

Im (Amateur-)Jazz ist es ein schmaler Grat zwischen erwünschter Spannung und unerwünschtem Fehler.

Related Two

Häufig finden wir in Jazzstandards Dominantseptakkorde. Schon bei der Vorstellung der vier Akkordtypen konnten wir feststellen, dass von den sieben Akkorden einer Durtonleiter nur derjenige auf der fünften Stufe ein Dominantseptakkord ist, welcher sich zur Tonika auf der ersten Stufe auflösen möchte. Ein G7 ist also beispielsweise immer die fünfte Stufe zu einer Cmaj7-Tonika. Übrigens auch zu einer C-Moll-Tonika, was wir aber an dieser Stelle nicht näher betrachten wollen.

Bisweilen ist es dem Komponisten danach, einen Dominantseptakkord nicht nur zur Hinführung zur Tonika einzusetzen, sondern sozusagen „frei schwebend" einfach mal zwei Takte (oder länger) stehen zu lassen. Hier ein Beispiel aus dem Klassiker „I Thought About You" von Jimmy van Heusen:

/ Fmaj7 Eb7 / D7 / G7 / G7 / ...

In einigen Sheets findet man aber auch:

/ Fmaj7 Eb7 / D7 / G7 / Dmin7 G7 / ...

Nun ist schon das G7 ein eindeutiges Indiz für eine (temporäre) Tonart C-Dur, doch die stärkste Akkordverbindung im Jazz ist die ii-V-Verbindung. Wie bereits erwähnt, zwingt die Kombination dieser beiden Stufen unser Ohr in die Tonart der zu erwartenden Tonika. Eine Folge Dmin7-G7 ist ein eindeutiger Hinweis auf die Tonart C-Dur, selbst wenn der Tonika-Akkord Cmaj7 nach den Akkorden gar nicht erklingt. Steht also eine V. Stufe (somit ein Dominantseptakkord) allein in einem Takt, oder gar in mehreren, könnt Ihr den Akkord um die zugehörige ii. Stufe ergänzen. In der Notation oben ist somit der Akkord Dmin7 die „related Two", die zugehörige zweite Stufe zu G7. Betrachten wir die Griffe für G7 und Dmin7 in der 3. Lage, so ist die Ähnlichkeit ohnehin eklatant:

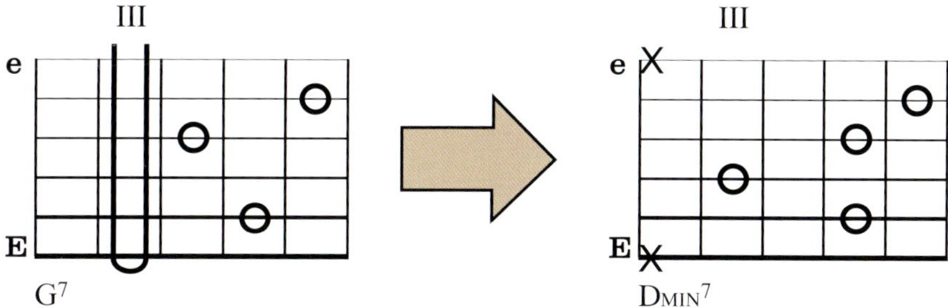

Der Tonraum des jeweiligen Taktes (in unserem Fall C-Dur) ändert sich nicht. Wir können somit die obigen vier Takte auch

/ Fmaj7 Eb7 / Amin7 D7 / Dmin7 G7 / Dmin7 G7 / ...

spielen. Führt der Dominantseptakkord zu einer Molltonika

/ Fmaj7 / A7b9 / Dmin7 / % / ...

ist Vorsicht angesagt. Die ii. Stufe in einer Mollverbindung ist ein Moll7/b5-, kein Moll7-Akkord. Die richtige „related Two" ist daher für das genannte Beispiel:

/ Fmaj7 / Emin7/b5 A7b9 / Dmin7 / % / ...

Zwischendominante

Dass wir Dominantseptakkorde mit einer „related Two" erweitern können, haben wir eben kennengelernt. Es ist aber auch möglich, eigenmächtig solche Septakkorde zu platzieren. Allerdings greifen wir hier schon heftig in vorgegebenes Tonmaterial ein, weswegen wir – wie immer bei der Reharmonisierung – insbesondere beim Spiel mit Musikerkollegen Vorsicht walten lassen müssen! Wir betrachten eine 1625. Damit es nicht zu trist wird, diesmal in der Tonart G-Dur:

/ Gmaj7 / Emin7 / Amin7 / D7 /

Wir wollen jetzt den Akkord Emin7 um nun seine „private" Dominante ergänzen.

Selbst ohne auf die Tonleitern „Harmonisch Moll" und „Melodisch Moll" einzugehen, was definitiv den Rahmen dieses Buches sprengen würde, ist eine Dominante für einen Akkord auf der Gitarre leicht zu finden. Als Schablone nehmen wir Cmaj7, Cmin7 und C7 (den halbverminderten Akkord Cmin7/b5 müssen wir nicht betrachten) in der A-Form gegriffen, also am dritten Bund:

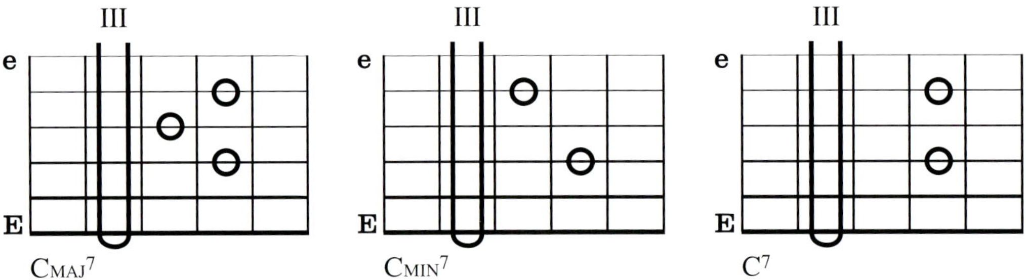

Für alle drei abgebildeten Akkorde ist der Septakkord in der E-Form am selben Bund der richtige Dominantseptakkord, in unserem Fall also G7.

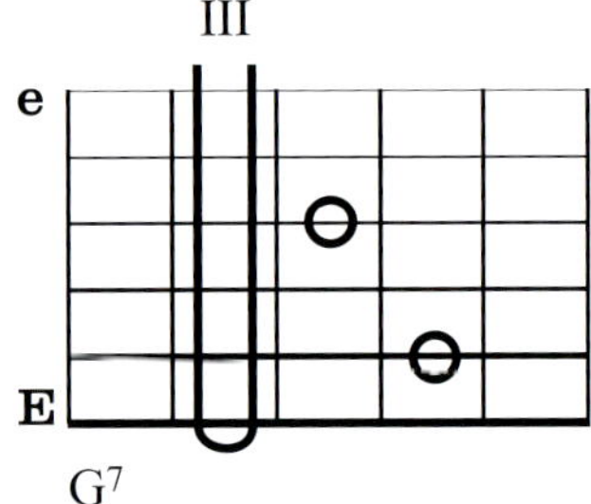

Vorsicht aber mit den Erweiterungen! Je nachdem, zu welcher Art von Akkord die Dominante führt, sind einige Erweiterungen eher, andere weniger geeignet! Für den Hausgebrauch kann man sich merken: Zu maj7-Akkorden kann der Septakkord mit 9 und 13 erweitert werden, zu min7-Akkorden mit b9, #9 und b13. Aber das sind nur grobe Richtwerte für höchst „altmodische" Hörgewohnheiten. Eure Ohren sollen das entscheiden (auch die Verwendung von 11 und #11 oder überhaupt die Dominanten zu weiteren Dominantseptakkorden). Auf jeden Fall vor einem Live-Gig zunächst in Ruhe ausprobieren.

Diese Schablone zum Finden der Dominante können wir für jeden Akkord einsetzen. Beispiel: Wir suchen für Emin7 die Dominante. Also greifen wir Emin7 in der aus dem Lagerfeuergriff Amin(7) abgeleiteten Form und greifen dann am selben Bund den aus der E-Form hergeleiteten Septakkord:

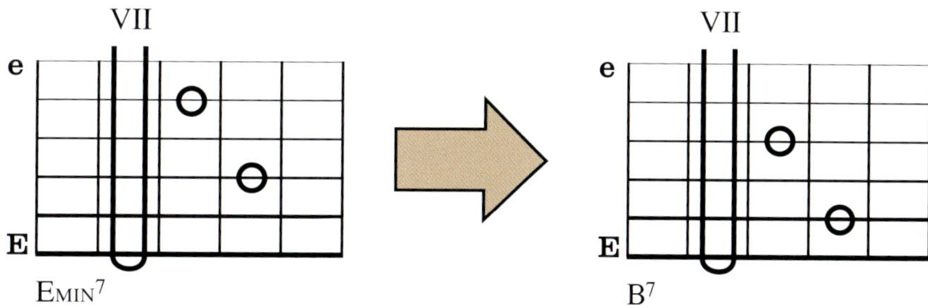

Die Dominante zu Emin7 ist ein B7. Natürlich dürfen wir jetzt beide Akkorde in jedweder uns angenehmen Lage greifen. Es ging nur um die Herleitung. Wir platzieren die sogenannte **Zwischendominante** gleich in Takt 1:

/ Gmaj7 B7 / Emin7 / Amin7 / D7 /

Auch die erste Hälfte von Takt 2 wäre geeignet, das B7 aufzunehmen, doch hier wollen wir wiederum eine Zwischendominante platzieren, diesmal zum Akkord Amin7. Versucht selbst, diesen Akkord zu bestimmen. Wir erhalten die Folge:

/ Gmaj7 B7 / Emin7 E7 / Amin7 / D7 /

Und jetzt komplettieren wir das Ganze, indem wir auch den letzten Dominantseptakkord, das D7, durch eine Zwischendominante einleiten:

/ Gmaj7 B7 / Emin7 E7 / Amin7 A7 / D7 /

Möglicherweise etwas zuviel des Guten, aber es ging ja um die Verdeutlichung des Einsatzes von Zwischendominanten.

1625 zum Zweiten

Wie bereits im Kapitel „Verbindungen" erwähnt, ist die 1625 neben der ii-V-I-Verbindung die im Jazz am häufigsten zu findende Akkordverbindung. Selbst wenn Ihr viele mögliche Varianten dieser Stufenfolge gelernt habt, ermüden Spieler und Zuhörer nach dem 100. Durchgang. Allerdings kann hier Abhilfe geschaffen werden!

Bisher habe ich Euch in diesem Kapitel Methoden vorgestellt, wie Ihr die Anzahl der Akkorde in einem Takt oder Songabschnitt erhöhen könnt, um harmonische Abwechslung zu erzeugen. Im Fall der 1625-Verbindung wollen wir aber – gezwungen durch die begrenzte Anzahl unterschiedlicher Klangmöglichkeiten bei Einsatz der Originalakkorde – etwas derber an die Akkorde herangehen, so dass Ihr die ursprüngliche Verbindung eventuell gar nicht mehr auf Anhieb erkennen werdet. Unser besagtes Objekt der Reharmonisierung ist

/ Cmaj7 Amin7 / Dmin7 G7 /

Dies sind ohne Modifikation die Stufen I, vi, ii und V aus C-Dur. Wie bereits im Kapitel Praxis auf der Gitarre 2 beschrieben, kann man statt einer Tonika auch den Tonika-Gegenklang (die iii. Stufe) spielen. Unsere 1625 (streng genommen übrigens jetzt eine 3625) hat somit folgende Akkorde:

/ Emin7 Amin7 / Dmin7 G7 /

Häufig werden Mollakkorde zu Dominantseptakkorden geändert, was – da ja ein tonleiterfremder Ton hinzukommt – dem Akkord und damit der ganzen Folge etwas Würze verleiht:

/ Emin7 A7 / Dmin7 G7 /

Ob Ihr dieses A7 nun als eine alterierte vi (VI7) oder als eine Zwischendominante zum Dmin7 anseht, ist unerheblich. Die obige Verbindung wird übrigens bisweilen als eine „gerückte" ii-V-Verbindung interpretiert, was sie rein von den notierten Akkorden her natürlich auch sein könnte (erster Takt ii-V in D-Dur, zweiter Takt ii-V in C-Dur). Aber das ist sie eben nicht! Unsere Tonart ist immer noch C-Dur.

Wenn die Sache schnell abgeht, entfällt schon mal das A7 und es wird chromatisch zur ii gerückt: / Emin7 Ebmin7 / Dmin7 G7 /

Die vi als Dominantseptakkord funktioniert natürlich auch ohne die Verwendung des Tonika-Gegenklangs:

/ Cmaj7 A7 / Dmin7 G7 /

Da dieses A7 auch mit Erweiterungen gespielt werden kann, ist eine Substitution durch den Akkord C#dim (eine Umkehrung eines A7/b9) zulässig. Klingt übrigens hervorragend:

/ Cmaj7 C#dim / Dmin7 G7 /

Gerade in bluesigem Umfeld werden auch alle Akkorde einer 1625 als Dominant-Septakkorde gespielt:

/ C7 A7 / D7 G7 /

Auch wenn der Tonika-Gegenklang schon verwendet wurde:

/ E7 A7 / D7 G7 /

Erweitert man jetzt diese Septakkorde, zum Beispiel in folgender Art und Weise

/ E7/#9 A7/13 / D7/#9 G7/13 /

und ersetzt dann E7/#9 und D7/#9 durch ihr jeweiliges Tritonussubstitut, so erhält man folgende Akkorde:

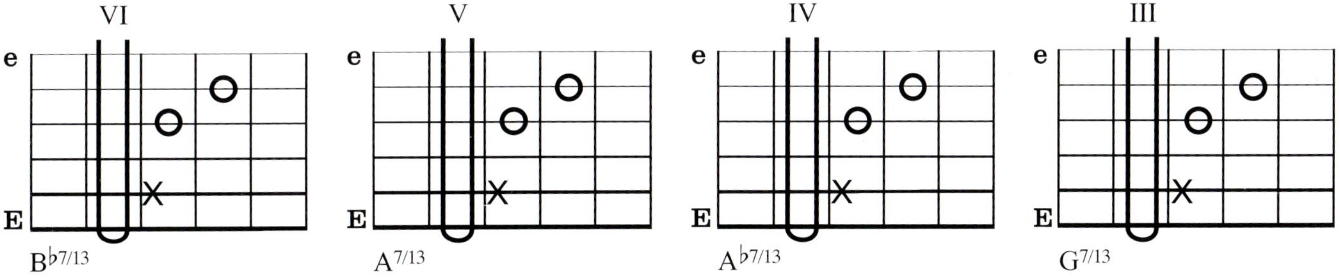

/ Bb7/13 A7/13 / Ab7/13 G7/13 /

Ganz ehrlich: Wer kann dieser Folge Ihre Herkunft aus einer 1625 in C-Dur ansehen? Wobei der letzte Septakkord G7 natürlich ein starkes Indiz dafür ist.

Ich denke, wir haben die Reharmonisierung der 1625 an dieser Stelle zur Genüge ausgereizt. Zudem soll es in diesem Buch primär um Akkorde, nicht um Harmonielehre gehen.

200 x 1625

Ich kann aus eigener Erfahrung festhalten, dass das regelmäßige Spielen von 1625 in wirklich allen erdenklichen Tonarten die mit Abstand beste Übung für das Erlernen der Akkorde ist! Nehmt Euch gerne auch mal eine „unbequeme" Tonart (Ab, Db...) und spielt wirklich viele 1625 hintereinander. Auf einer Jamsession musste ich vor einigen Jahren eine 10-minütige Version (jeder der anwesenden Bläser spielte zwei Durchgänge Solo) von *I Got Rhythm* begleiten. Das sind an die 200 1625 – da gehen dann schon mal die Varianten aus...

Zum guten Schluss

Im folgenden Anhang findet Ihr alle bis jetzt vorgestellten Akkorde (und noch einige mehr), geordnet nach Akkordtypen, mit allen möglichen und unmöglichen Erweiterungen. Ich hoffe, Ihr hattet neben viel Erkenntnis und Anregung auch genügend Freude an der Vorstellung der Jazzakkorde und -verbindungen. Wenn Ihr mal ob der mannigfaltigen Möglichkeiten ein Gefühl der Überforderung habt – lasst Euch nicht entmutigen! Es geht tatsächlich fast allen so.

Das theoretische Verständnis um die Entstehung der Vierklänge und auch um ihren Einsatz in Verbindungen und ganzen Songs ist sicherlich hilfreich, doch das rein mechanische Üben ist für den Einstieg tatsächlich der wichtigere Part. Gebt Euch niemals mit dem Umfang Eures Akkord-Repertoires zufrieden, auch wenn Euch jenes irgendwann ausreichend erscheint! Noch heute, nach über 45 Jahren Gitarre, entdecke ich immer wieder neue Möglichkeiten, eine 1625 zu spielen. Dies ist auch erforderlich, da wirklich viele Songs in meinem Repertoire tatsächlich überwiegend aus solchen bestehen.

Ich würde mich freuen, wenn der ein oder andere Leser seine Freude am Jazz entdeckt hat und ab jetzt die Welt mit neuen, jazzigen Klängen bereichert. Ich wünsche Euch viel Spaß, viel Erfolg und stets geschmeidige Finger!

Euer Gige

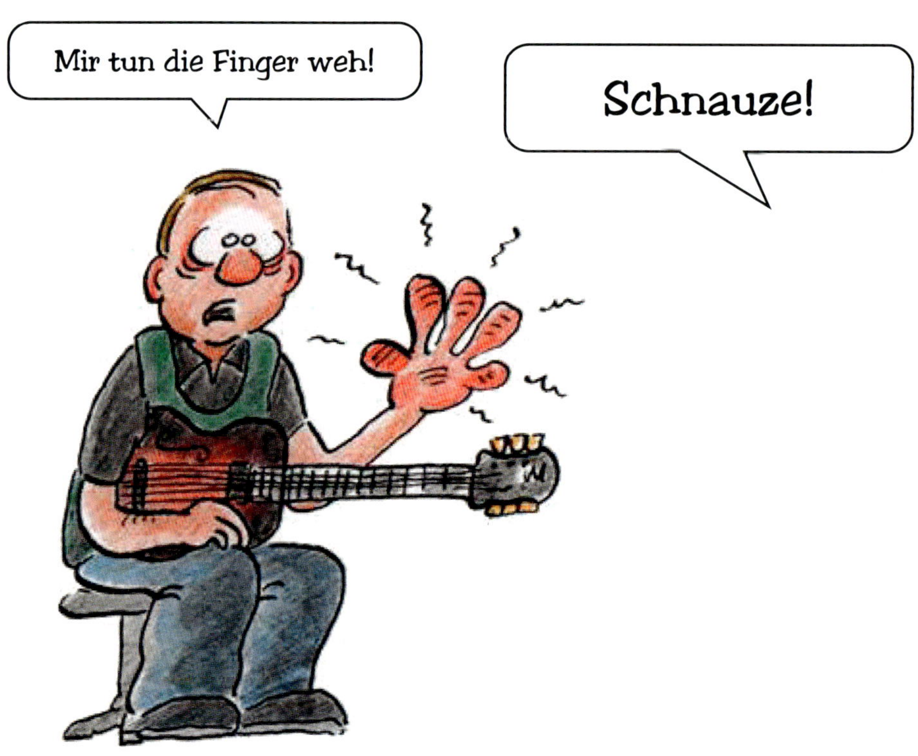

Griffe

Nachfolgend nun eine angesichts der unzähligen Kombinationen zwangsläufig unvollständige Auflistung der Akkorde bzw. Griffe zum Nachschlagen und natürlich Üben. Sie sind nach den vorgestellten Akkordtypen geordnet. Nicht alle „Doppelagenten" sind in jeder möglichen Funktion immer wieder gelistet. Schaut Euch das betreffende Kapitel gegebenenfalls noch einmal an. Als Grundton der Akkorde nehme ich denjenigen, der uns auch bei der Besprechung der jeweiligen Stufe in C-Dur als Erstes begegnet ist, was Euch aber keinesfalls davon abhalten darf, grundsätzlich jeden Griff in jede Tonart zu übertragen!

6 und maj7

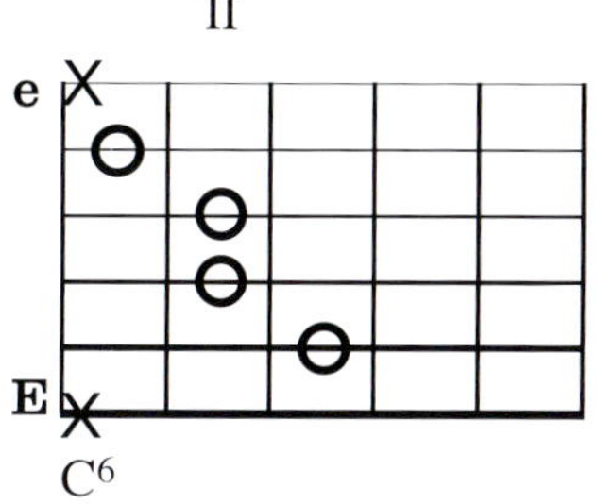

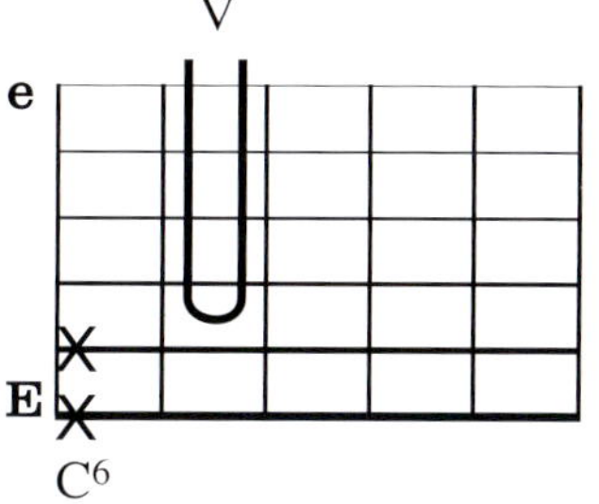

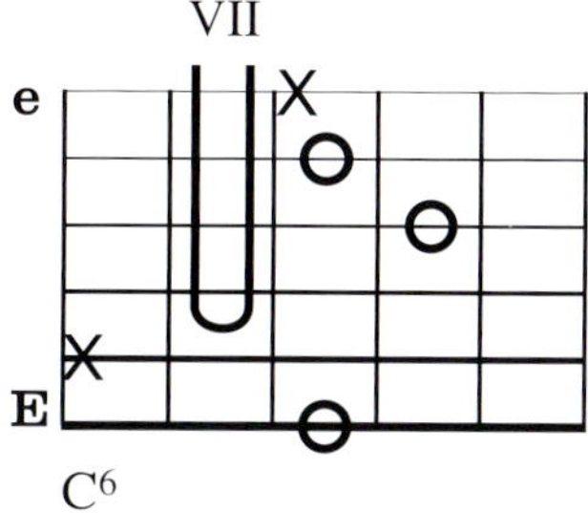

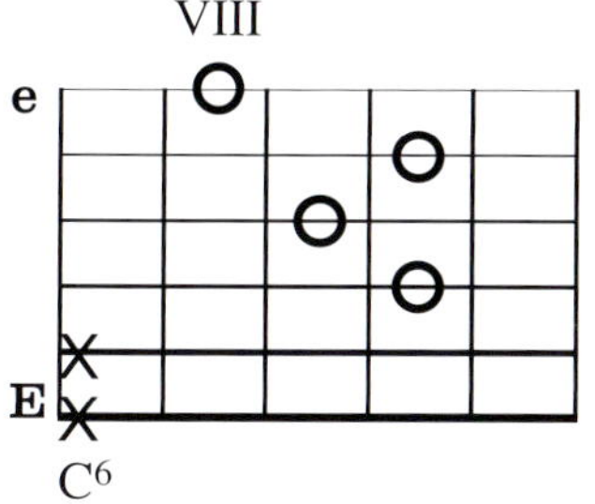

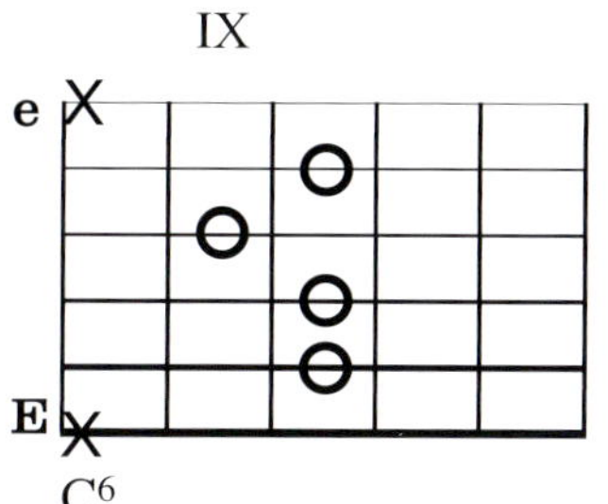

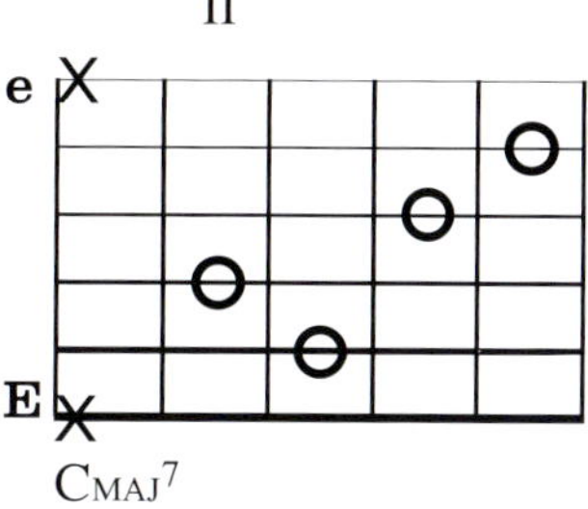

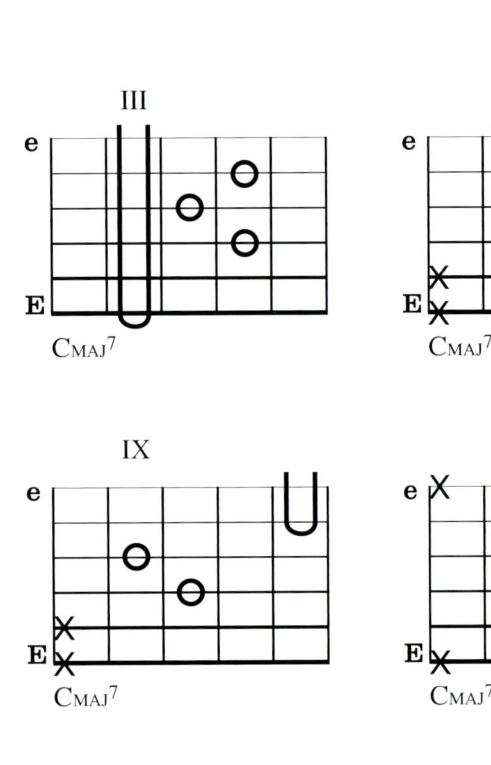

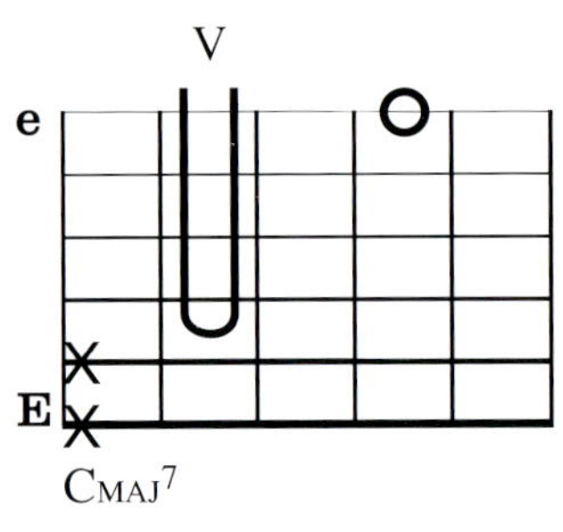

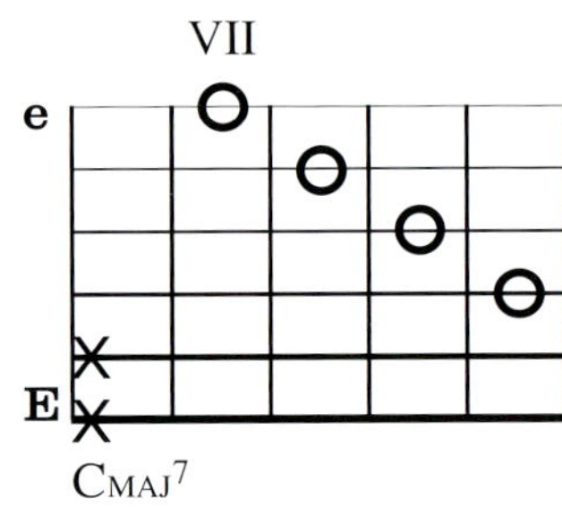

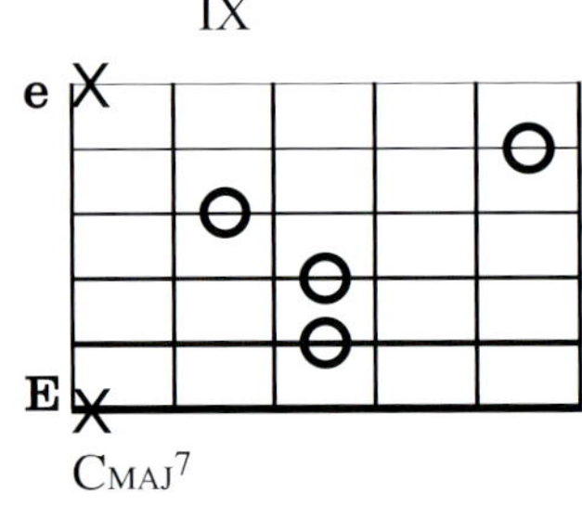

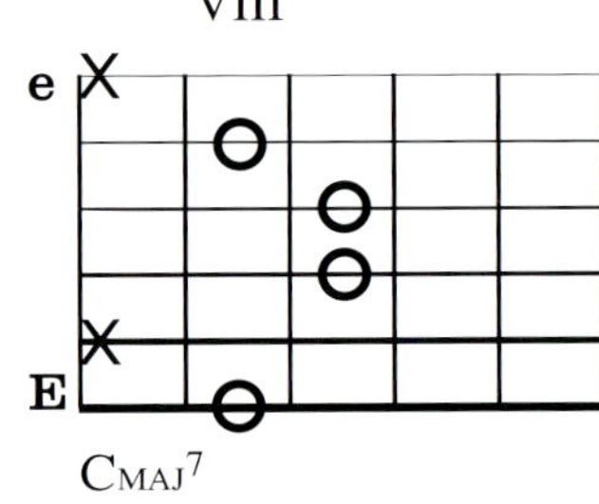

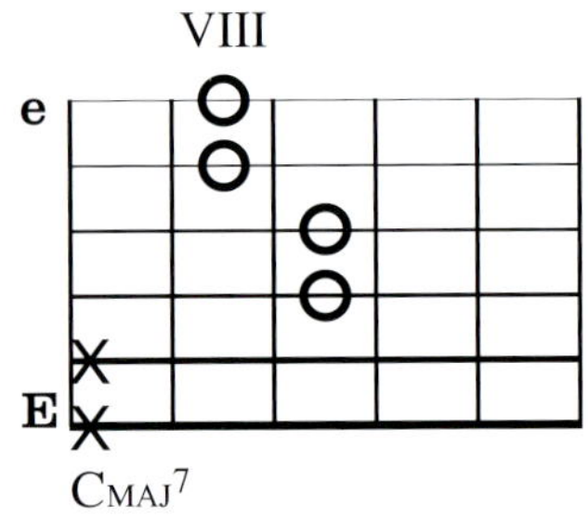

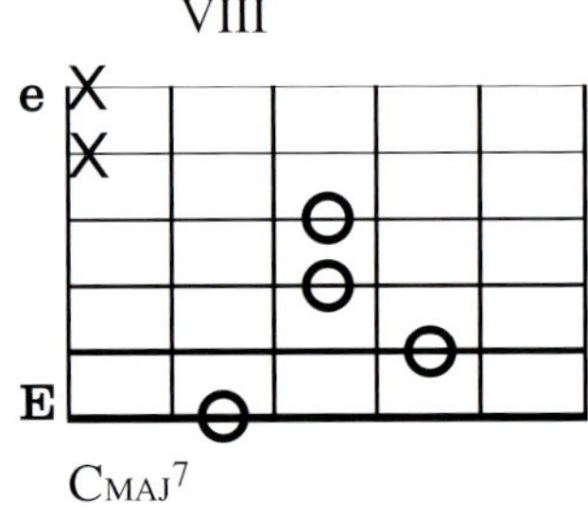

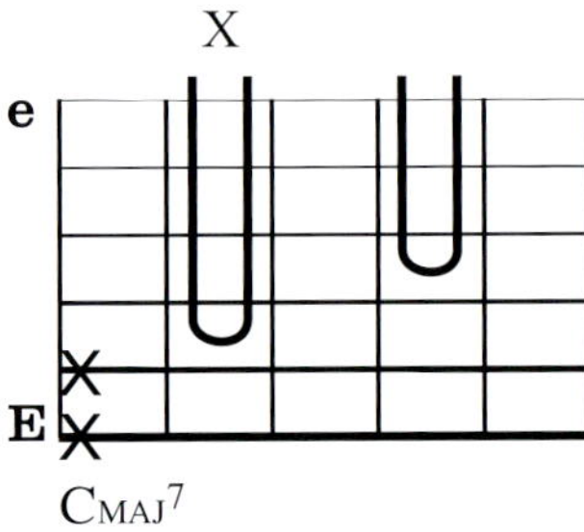

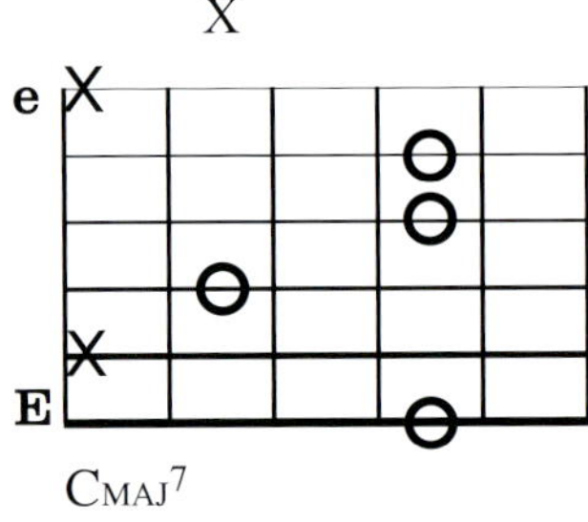

Links ein sehr schönes Voicing, welches nach einem Mollakkord klingt. Nicht verwunderlich, da man diesen Griff auch Amin7/9 /E schreiben kann.

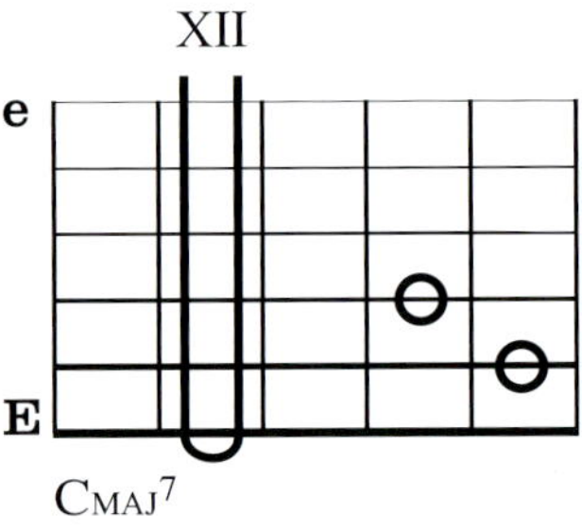

6 und maj7 mit Erweiterungen 9, 11 und 13

Griffvarianten, die entstehen, wenn man zum Beispiel im abgebildeten Cmaj7/9 in der VIII. Lage den Grundton auf der tiefen E-Saite weglässt, sind in dieser Sammlung nicht aufgeführt.

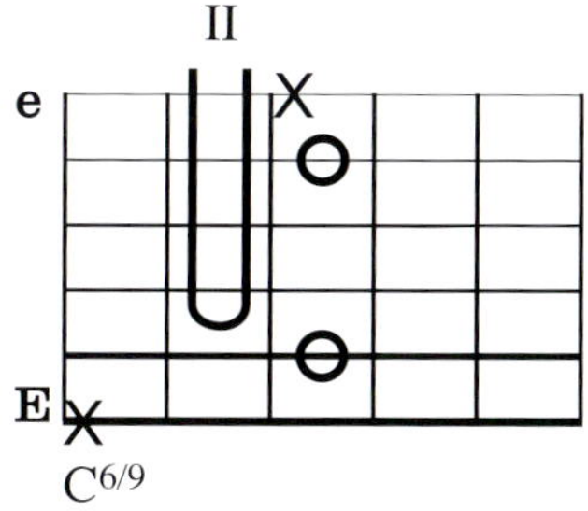

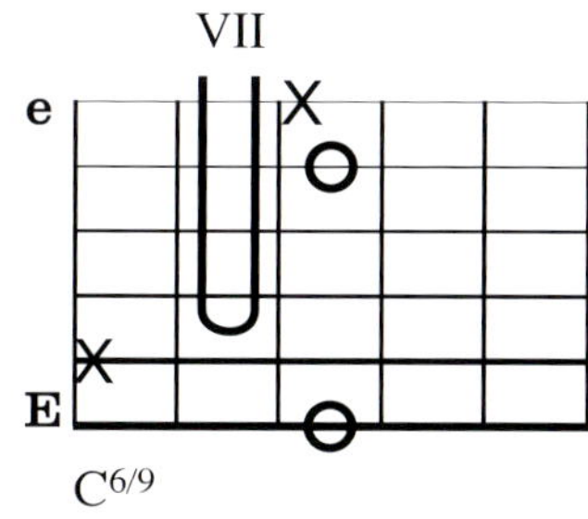

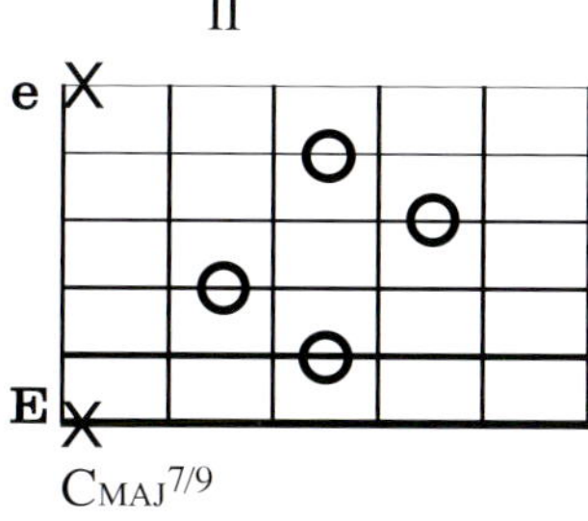

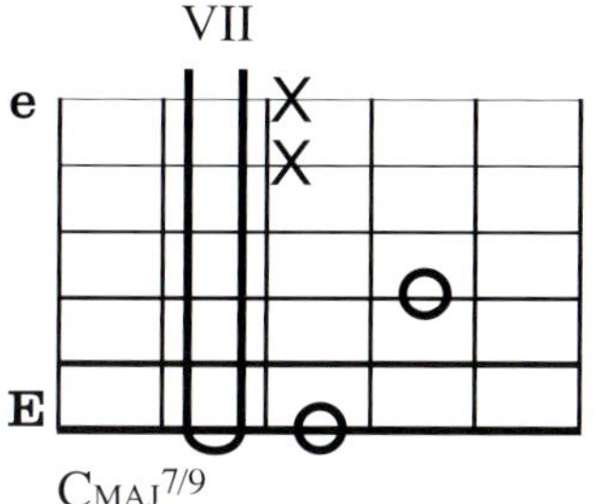

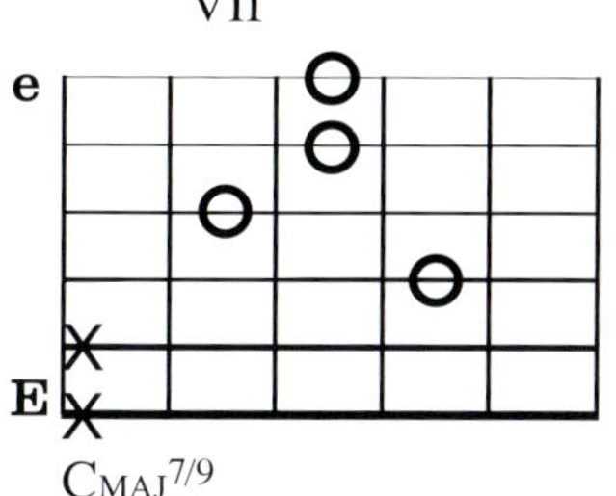

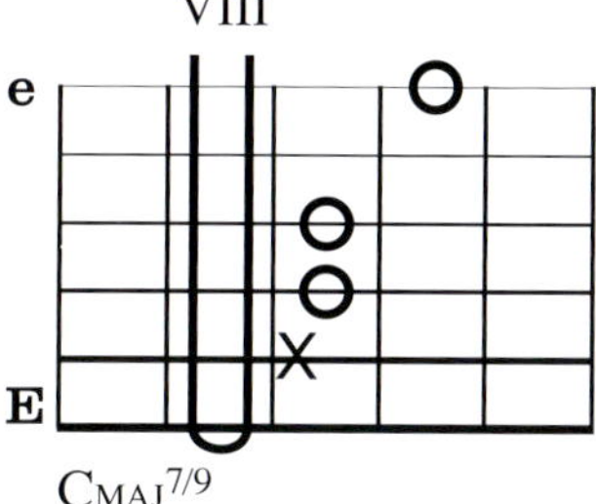

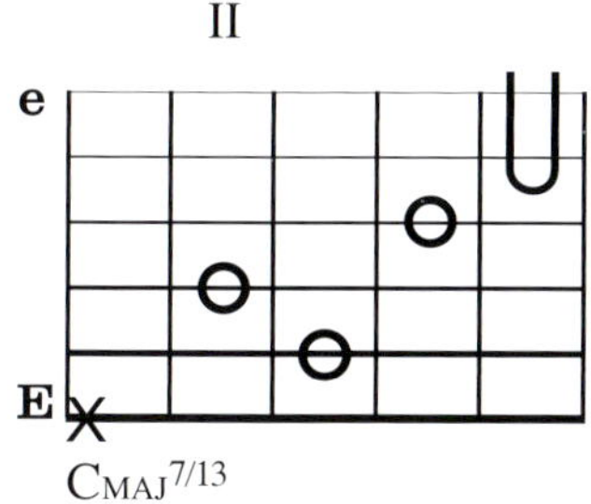

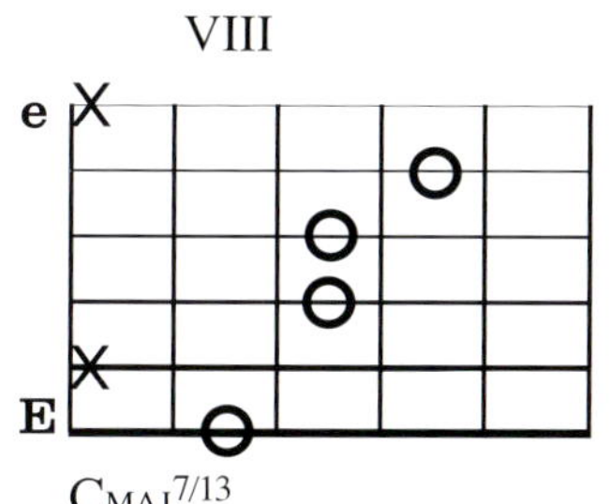

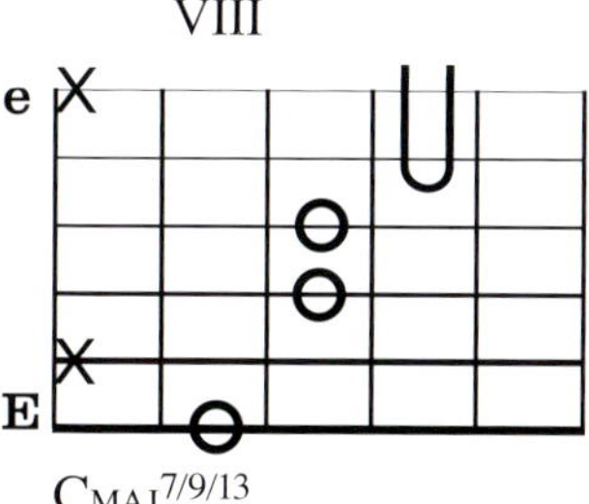

maj7 mit Erweiterungen b9, #9, #11 und b13

maj7-Akkorde mit b9, #9 oder b13 erweitert sind mir in der Praxis noch nicht untergekommen, was ihre Existenz und ihren Einsatz in modernen Stücken natürlich nicht ausschließt.

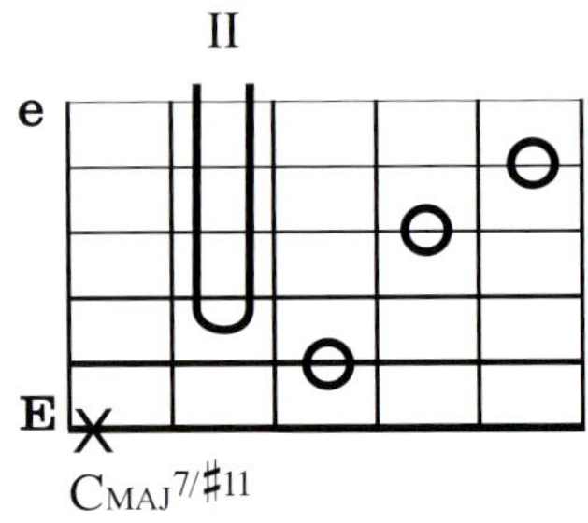

CMAJ7/♯11

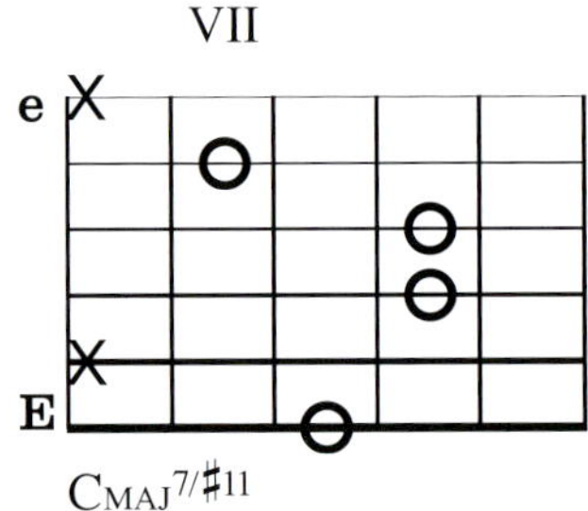

CMAJ7/♯11

min6 und min7

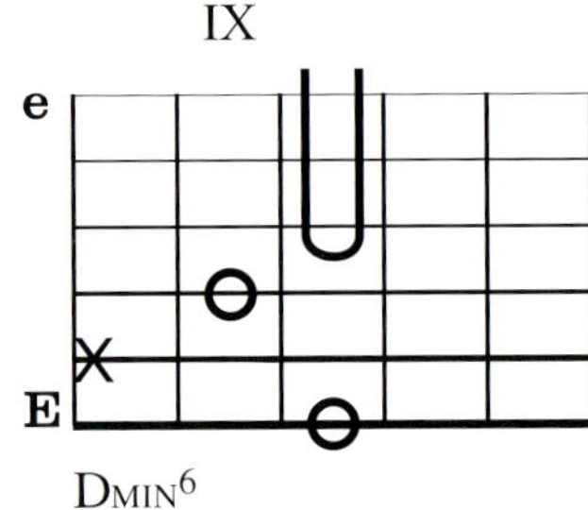

DMIN6

Andere Griffe, die wohl als min6 eingesetzt werden können, findet Ihr unter min7/13

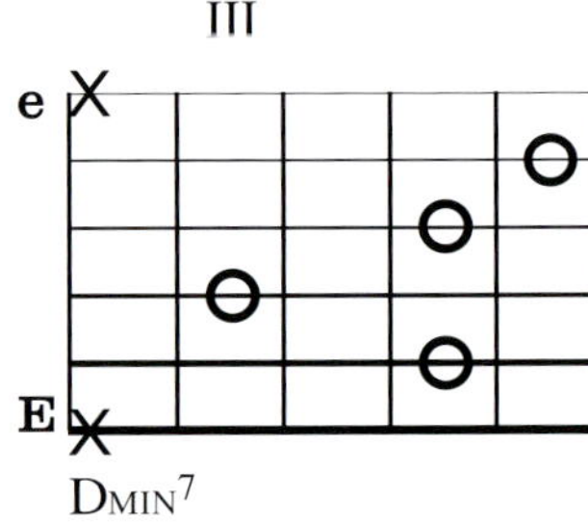

DMIN7

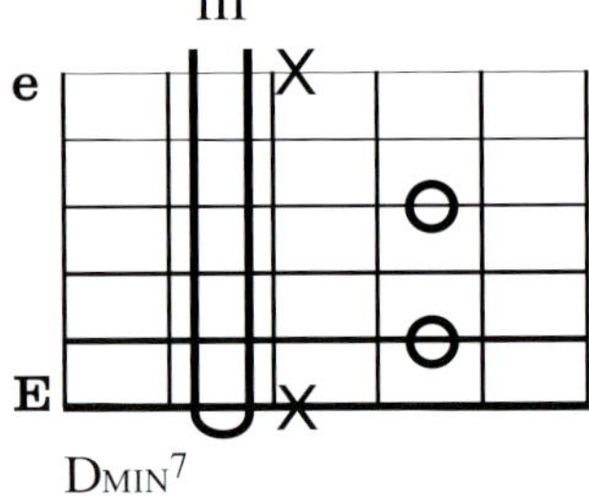

DMIN7

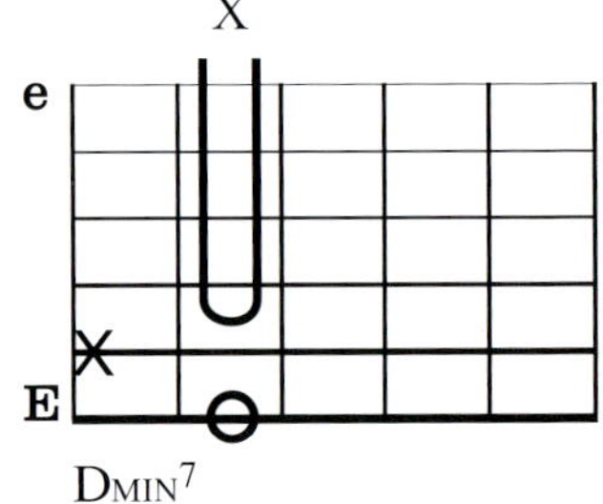

DMIN7

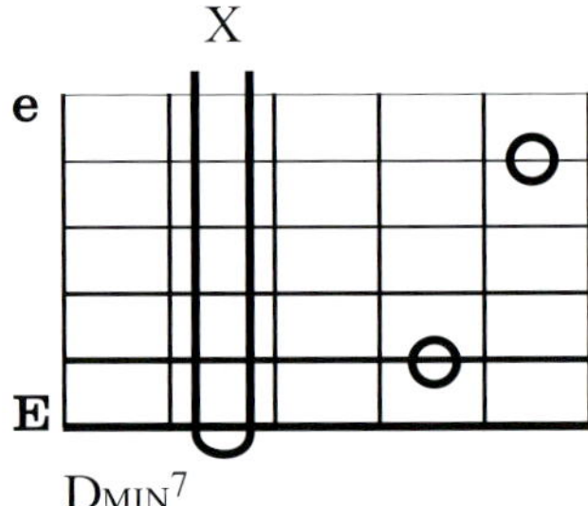

DMIN7

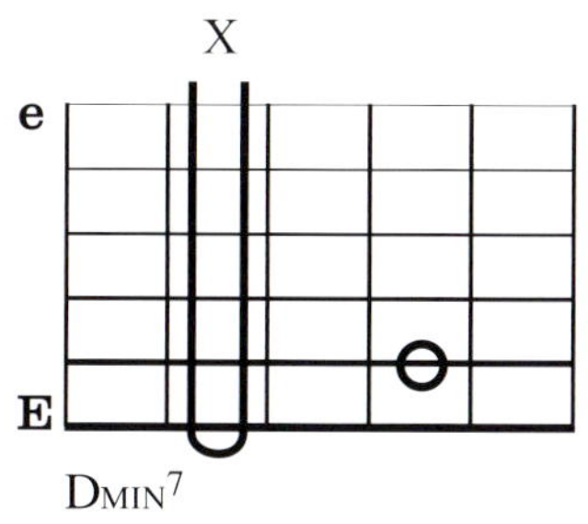

DMIN7

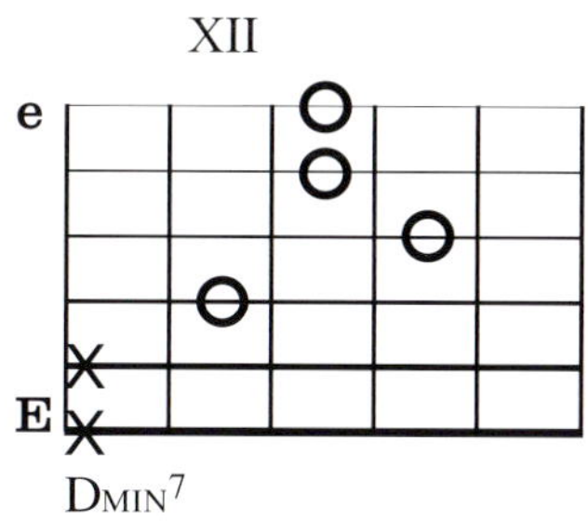

DMIN7

min6 und min7 mit Erweiterungen 9, 11 und 13

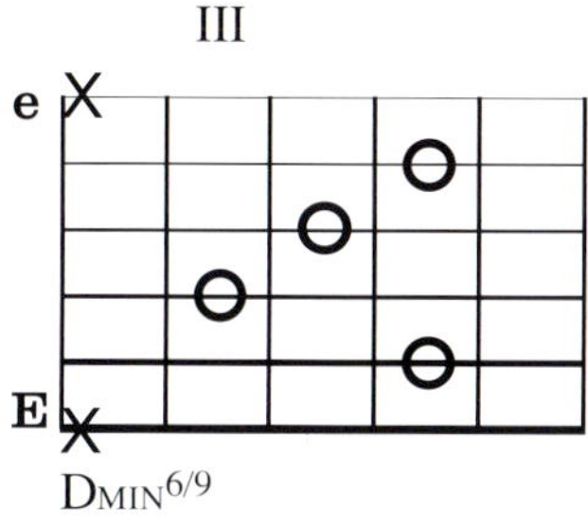

DMIN6/9

Der Grundton auf der A-Saite ist am besten mit dem kleinen Finger zu erreichen. Entspricht Ausschnitt aus G7/13 in Lage III.

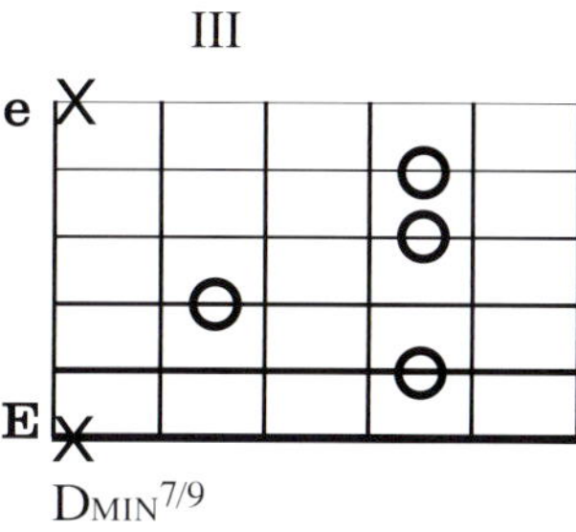

DMIN7/9

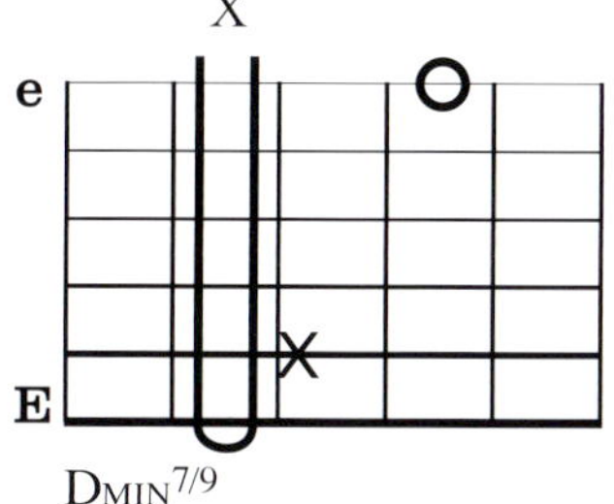

DMIN7/9

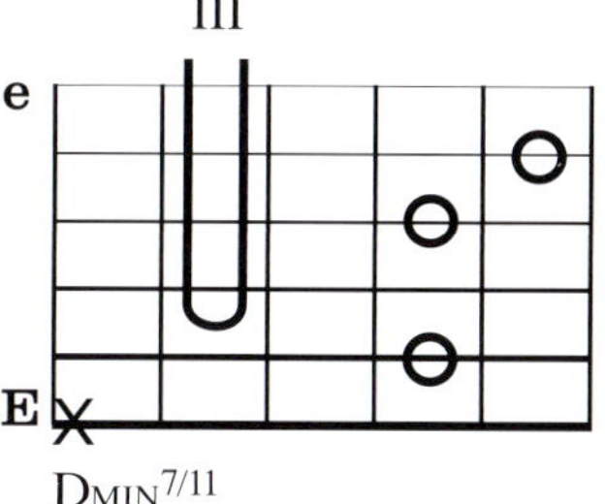

DMIN7/11

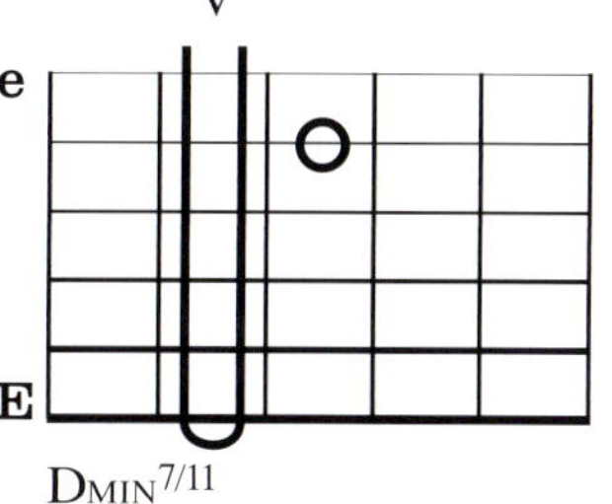

DMIN7/11

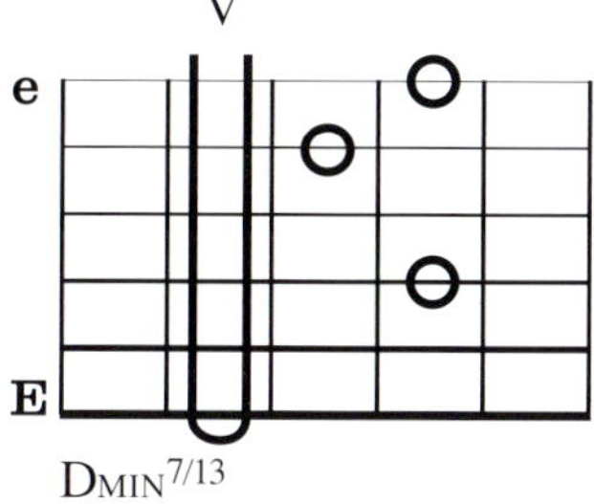

DMIN7/13

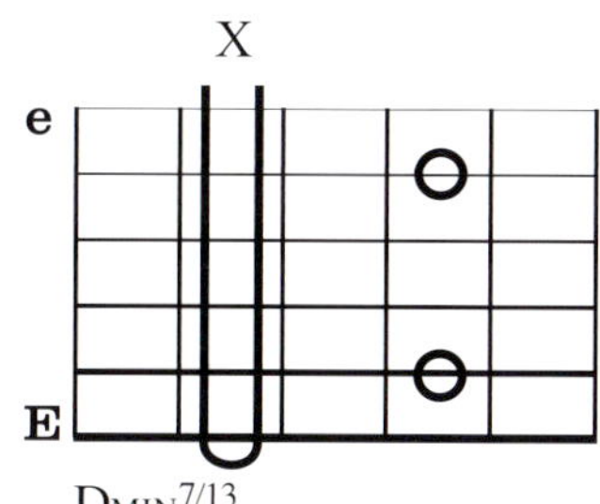

DMIN7/13

min6 und min7 mit Erweiterungen b9, #9, #11 und b13, Kombinationen

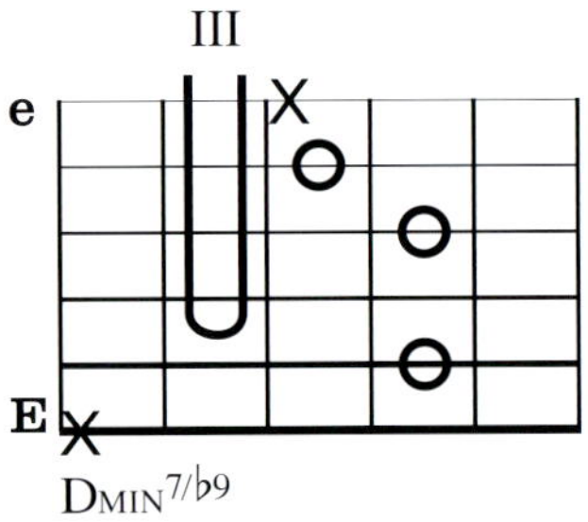

Eine sehr übersichtliche Aufzählung! Bedenkt jedoch, dass die Erweiterung #9 der Mollterz entspricht, die ohnehin in jedem min-Akkord per se vorkommt. Das Gleiche gilt für die #11 bei den min7/b5-Akkorden. Und ein Moll-Dreiklang mit der b6 (b13) erweitert stellt einen maj7-Akkord dar, also z.B. Amin/b6 = Fmaj7. So bleibt – siehe links – tatsächlich nur min7/b9, welcher tatsächlich bisweilen vorkommt.

7

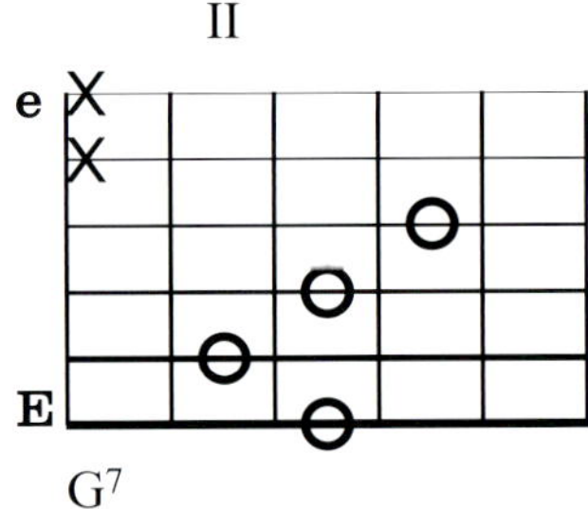

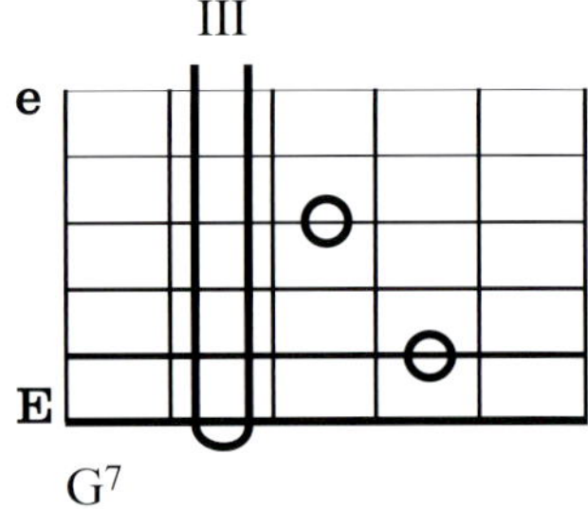

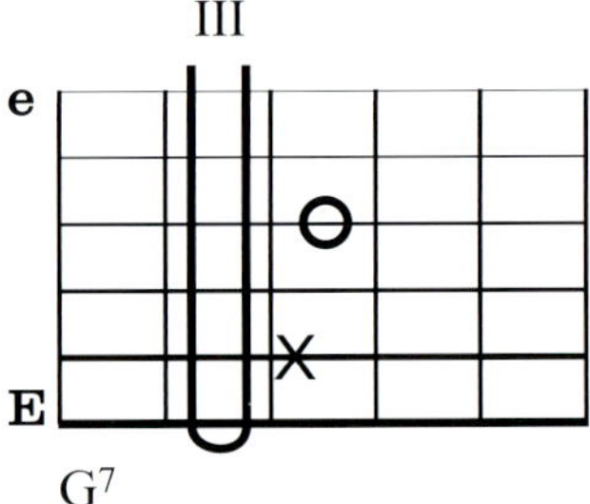

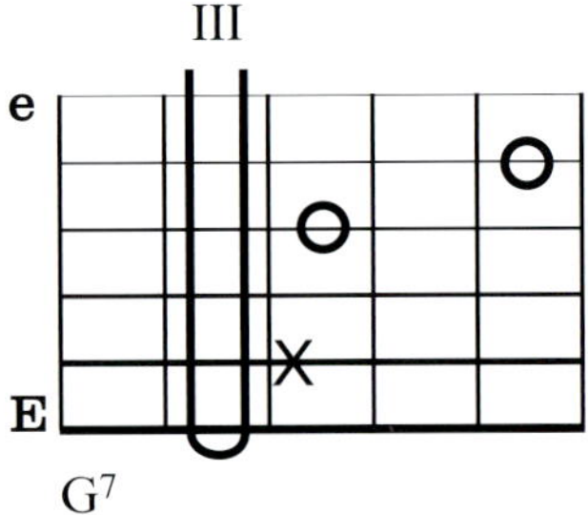

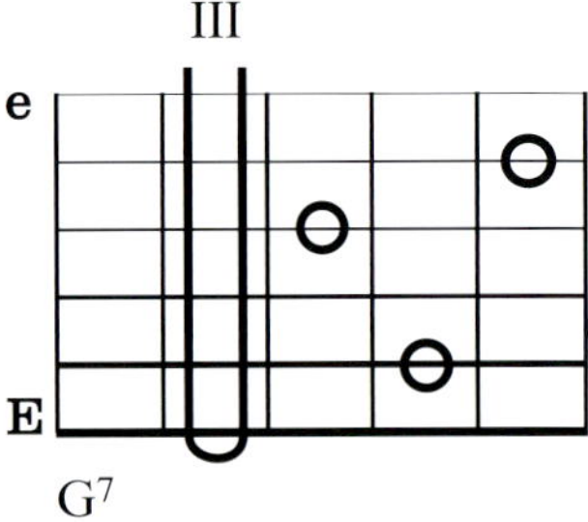

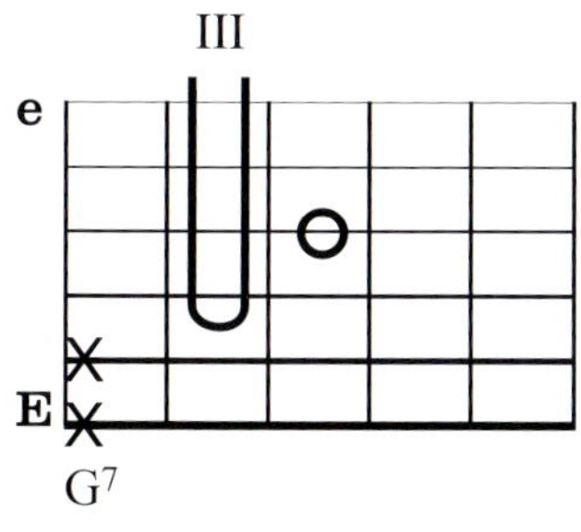

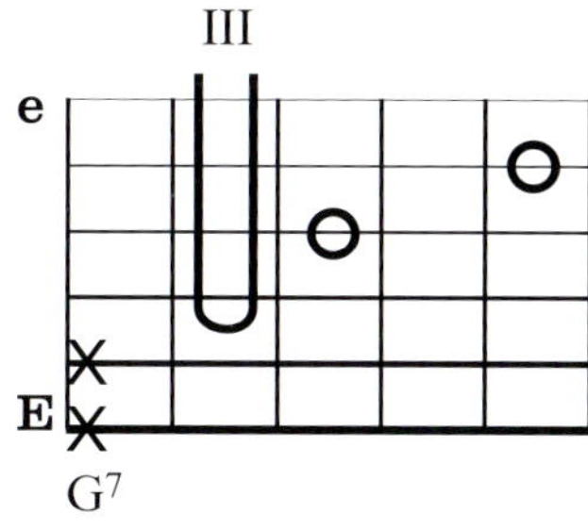

Natürlich handelt es sich bei den hier abgebildeten G7 in der III. Lage immer um ein und denselben Akkord. Doch dieser von dem Lagerfeuerakkord E-Dur abstammende Septakkord wird in dieser Form und mit Erweiterungen permanent eingesetzt.

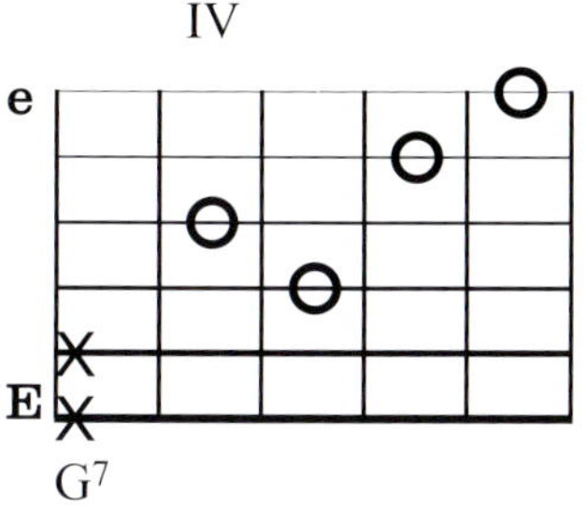

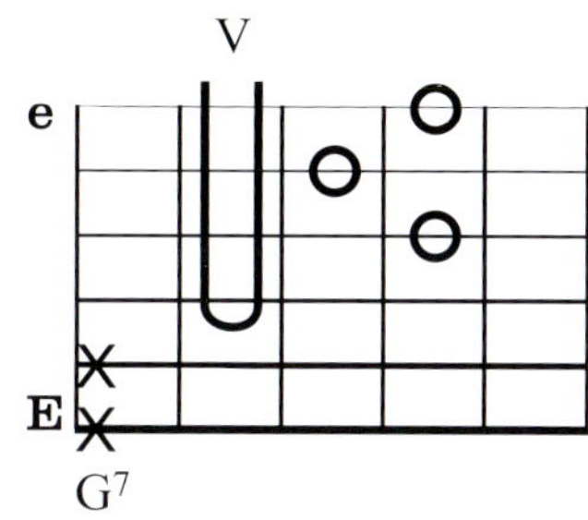

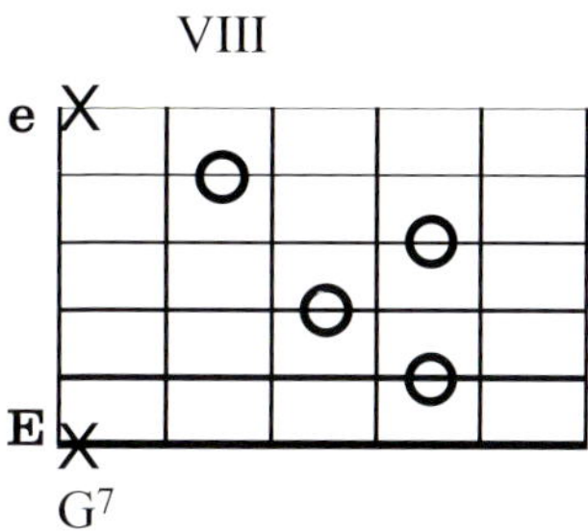

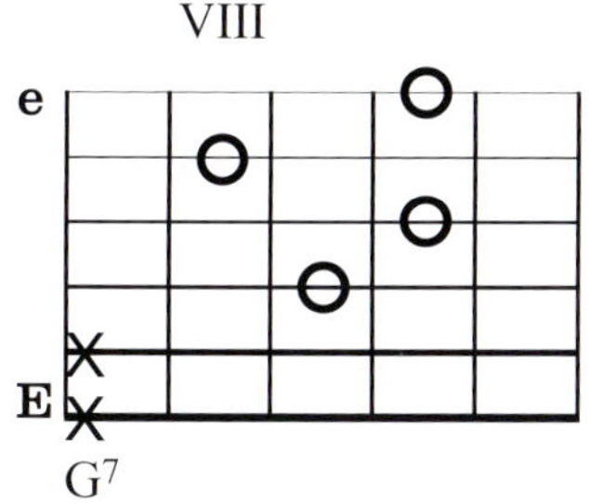

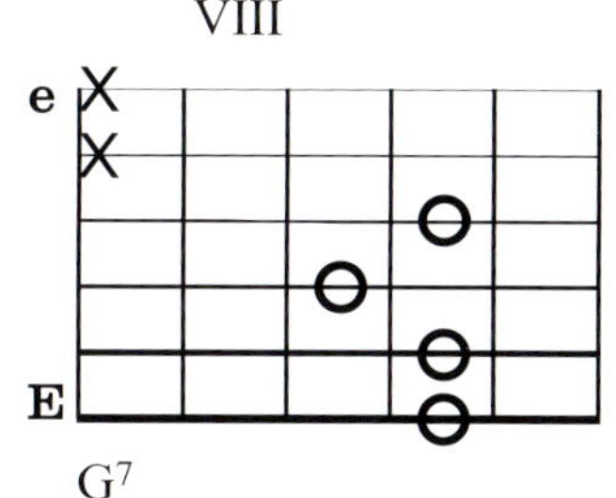

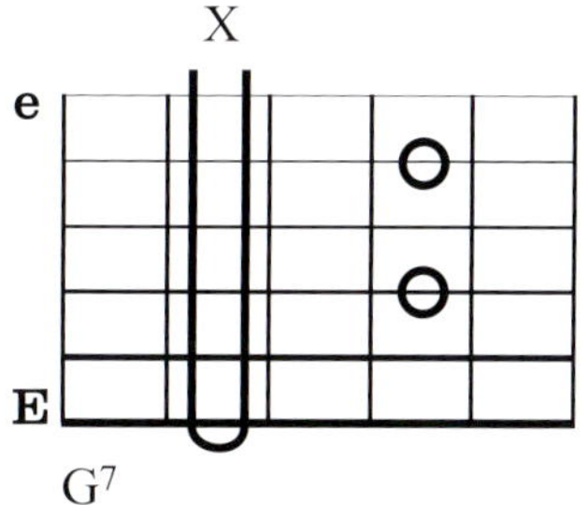

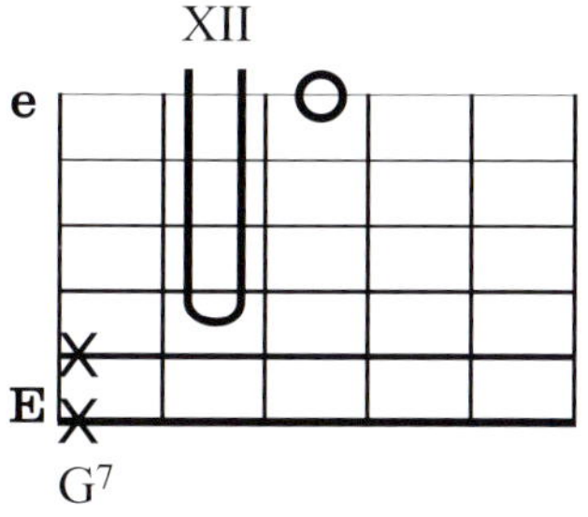

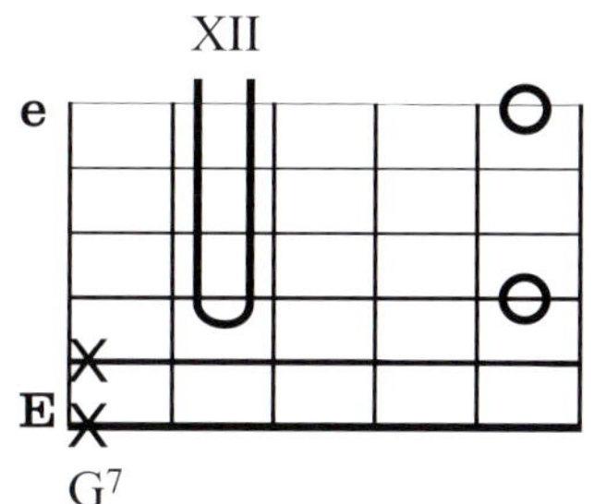

7 mit Erweiterungen 9, 11 und 13, Kombinationen

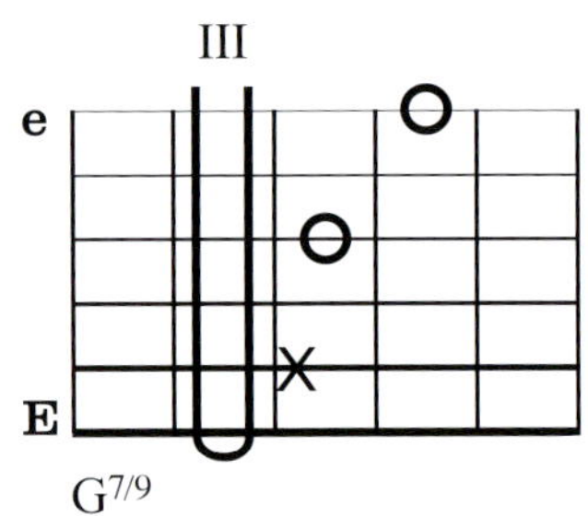

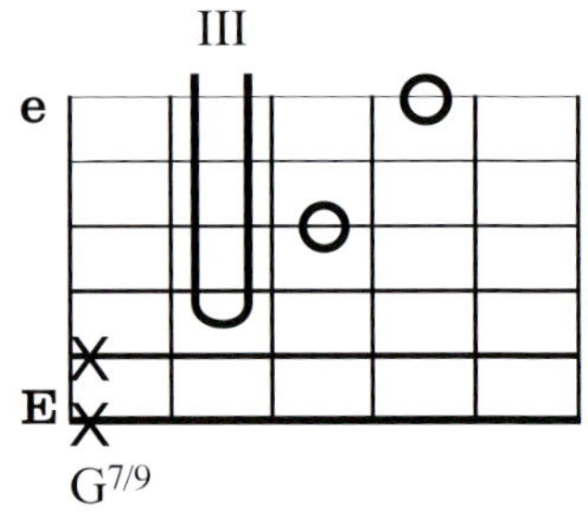

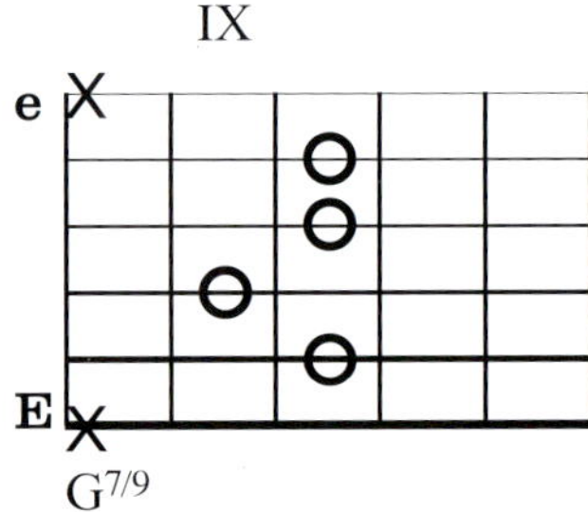

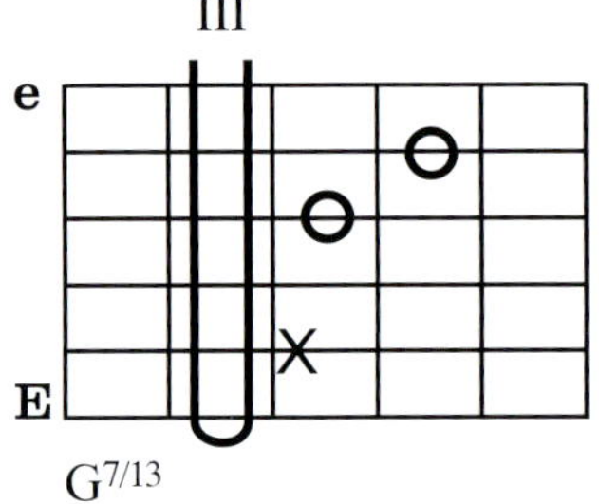

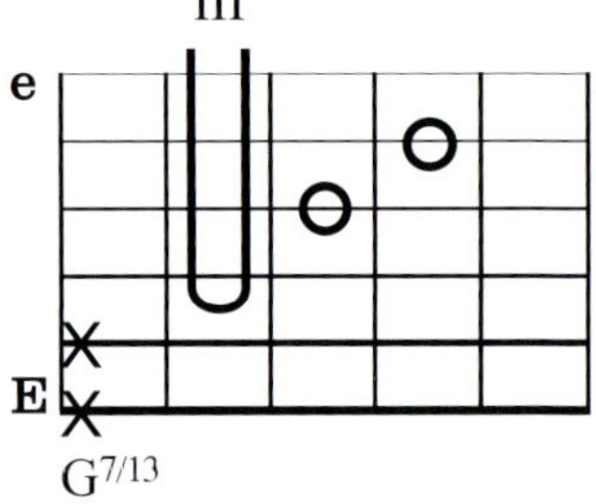

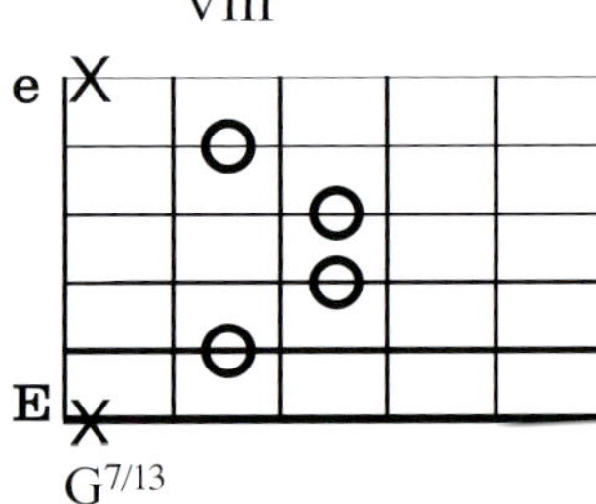

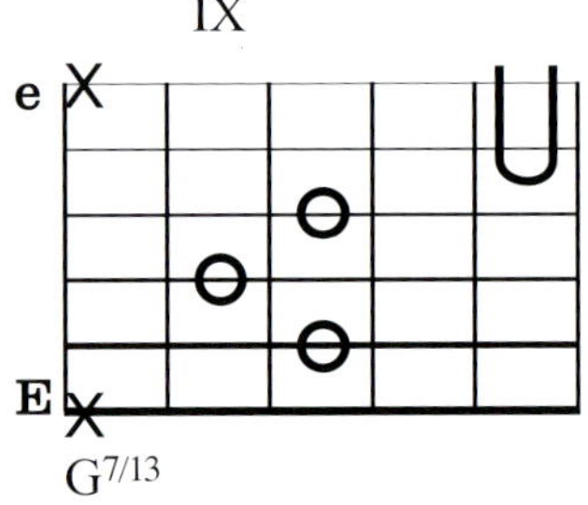

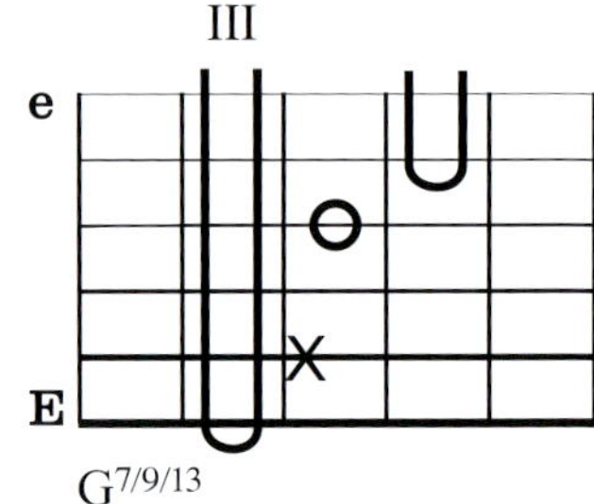

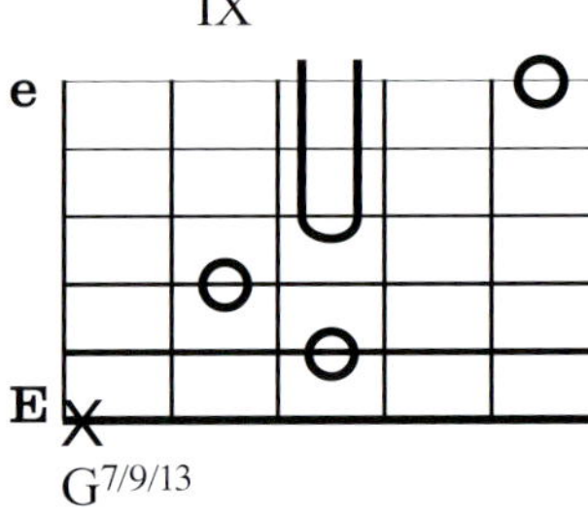

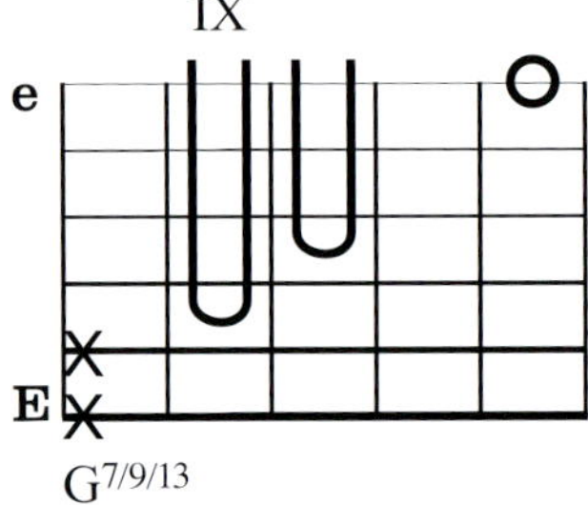

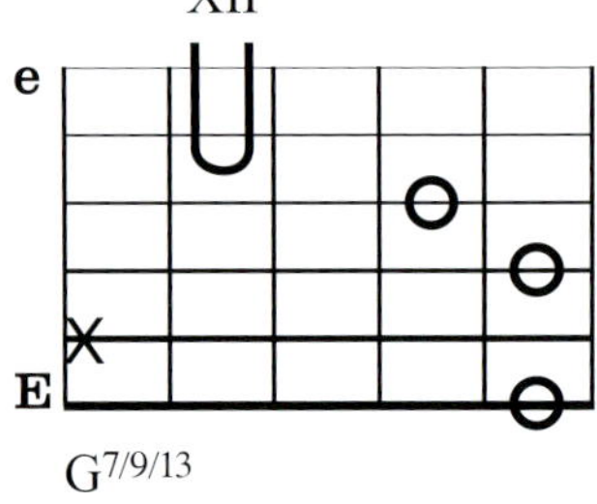

Da die 11 (4) nahezu immer die Terz des jeweiligen Akkords ersetzt (sus-Akkorde), sind an dieser Stelle keine 7/11-Akkorde zu finden.

Griffe, Griffe, Griffe

7 mit Erweiterungen b9, #9, #11 und b13, sonstige Kombinationen

Schaut Euch die jeweilige Akkordbezeichnung genau an. Ein G7/b9/b13 klingt beispielsweise durchaus anders als ein G7/b9/13.

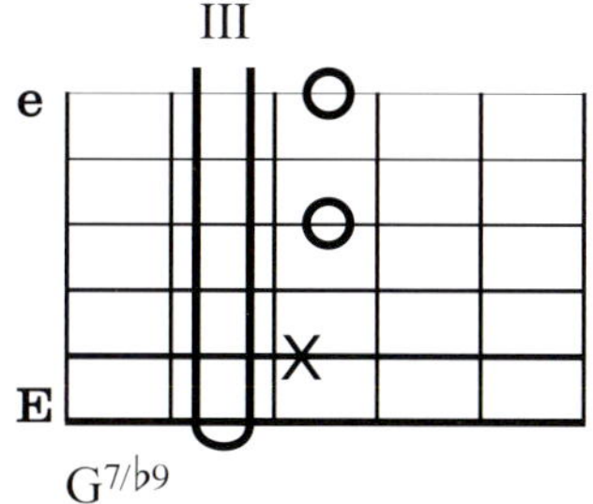

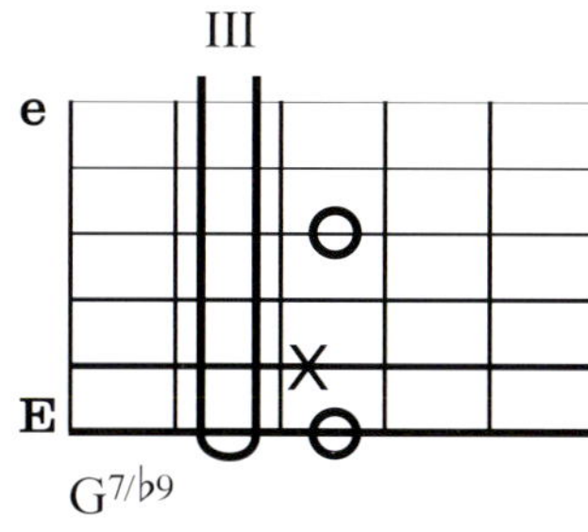

Beim links abgebildeten Griff ist die b9 (das Ab) in den Bass gewandert. Er kann somit auch als G7/Ab oder Abdim bezeichnet werden.

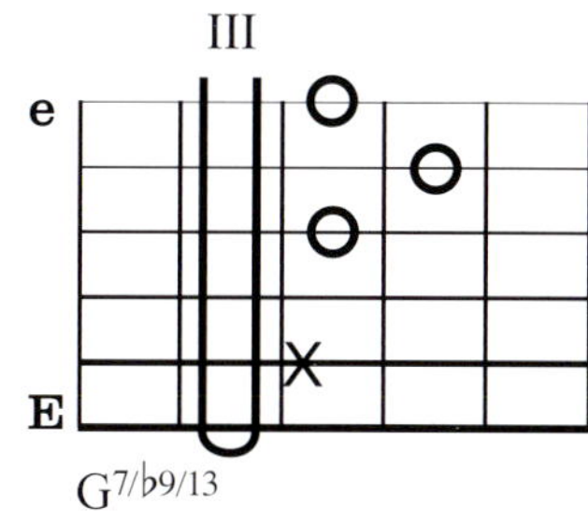

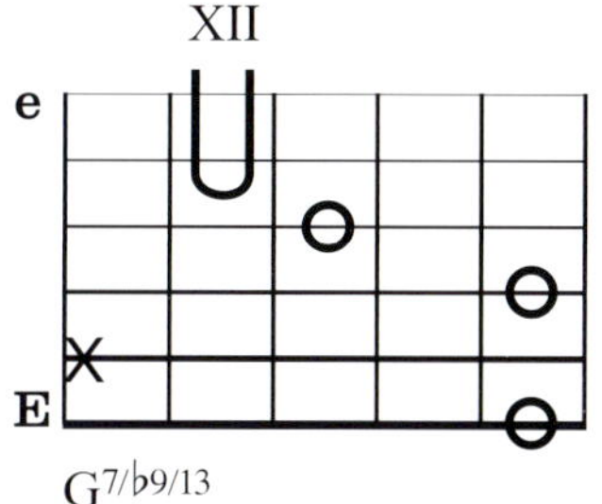

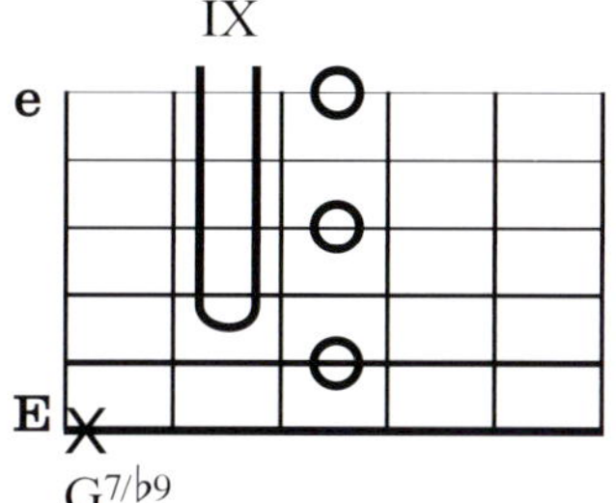

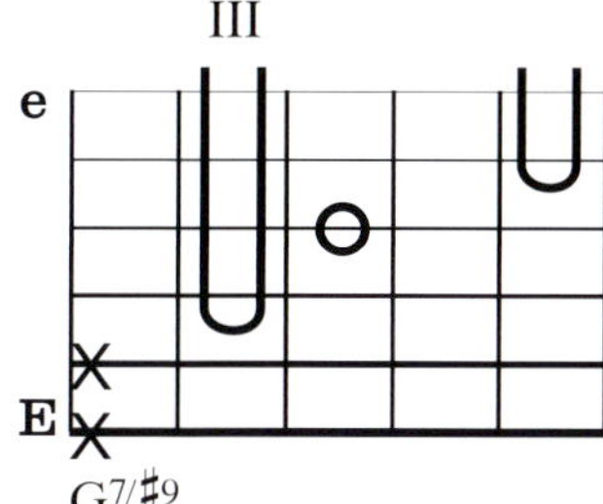

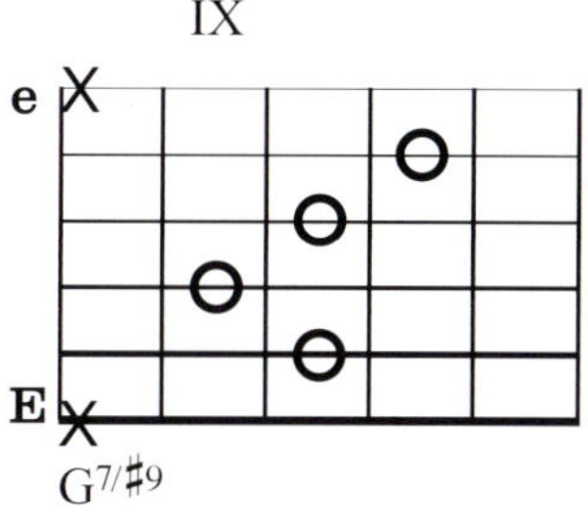

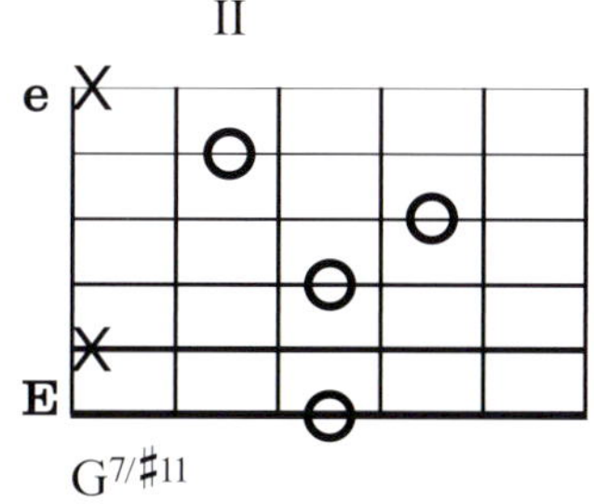

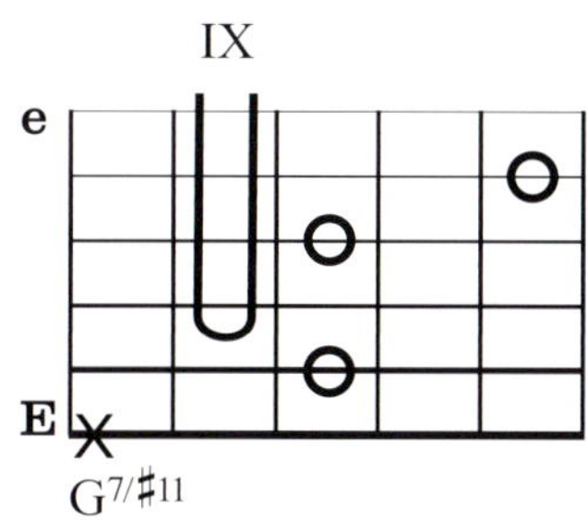

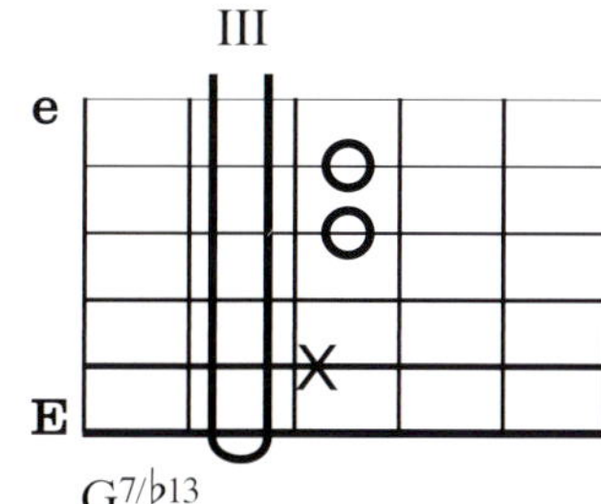

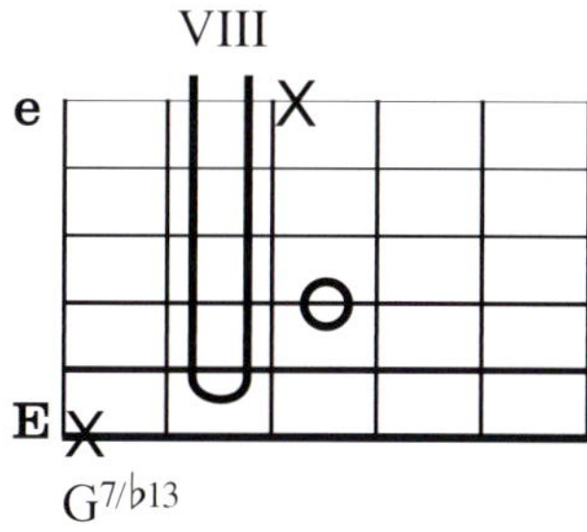

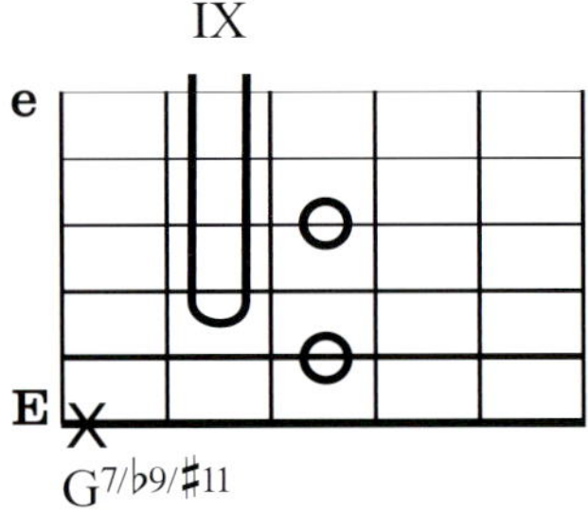

$G^{7/\flat 9/\sharp 11}$

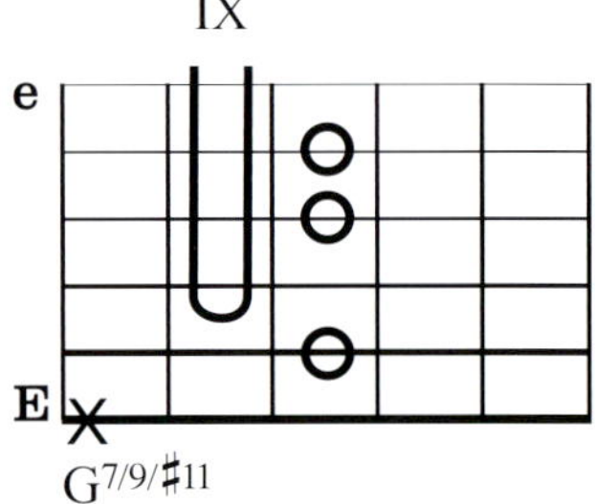

$G^{7/9/\sharp 11}$

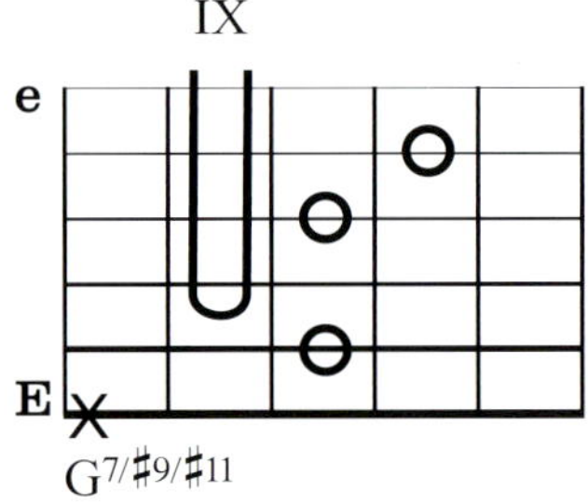

$G^{7/\sharp 9/\sharp 11}$

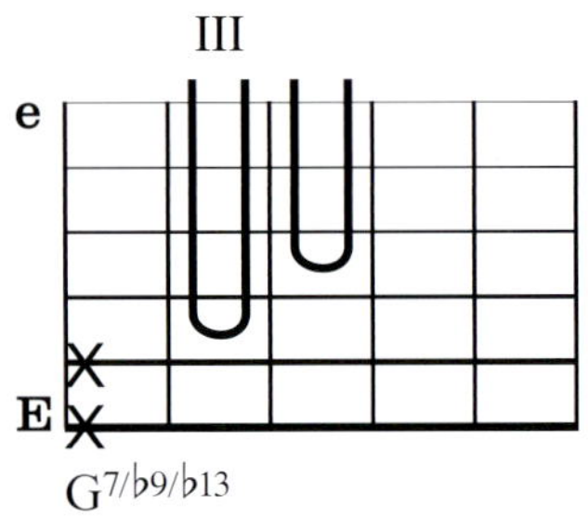

$G^{7/\flat 9/\flat 13}$

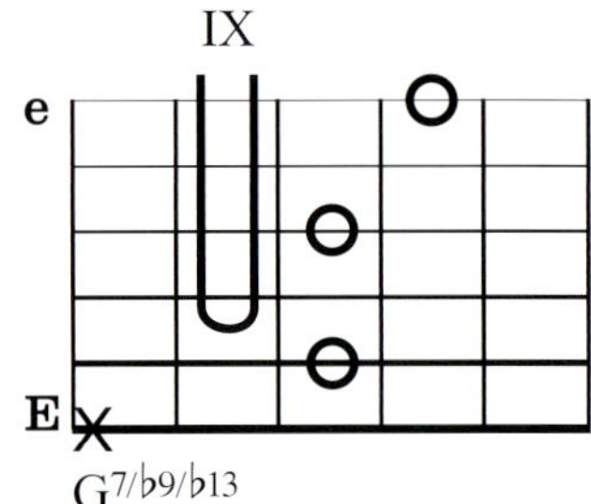

$G^{7/\flat 9/\flat 13}$

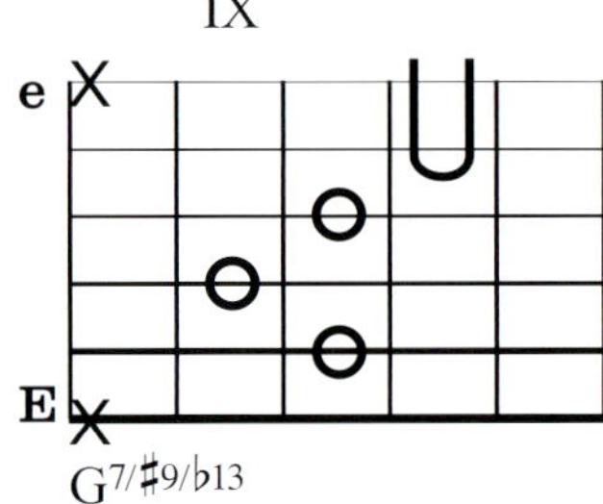

$G^{7/\sharp 9/\flat 13}$

sus

sus-Akkorde zeigen ihre jeweilige harmonische Funktion erst in Verbindungen. Diese kann Dominante oder auch (Moll-)Tonika sein.

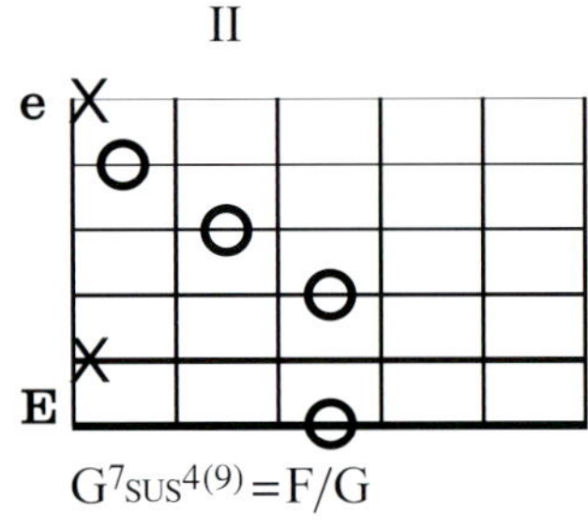

$G^{7}sus^{4(9)} = F/G$

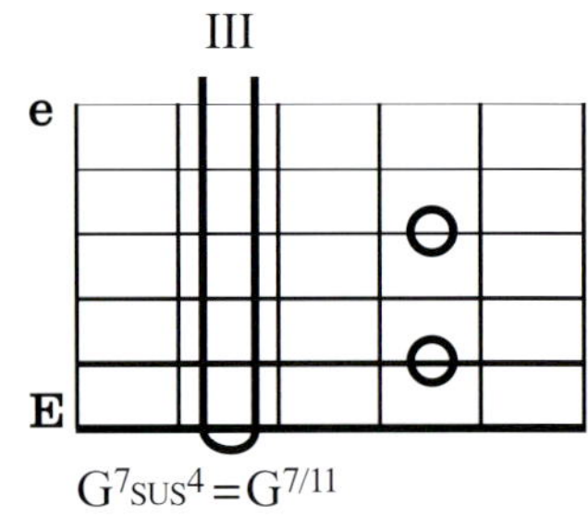

$G^{7}sus^{4} = G^{7/11}$

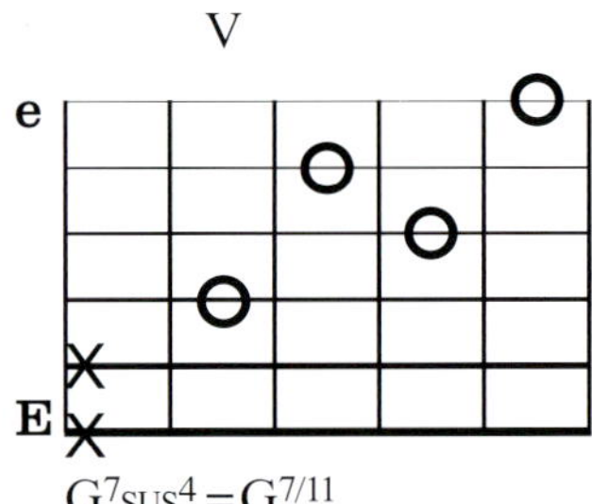

$G^{7}sus^{4} = G^{7/11}$

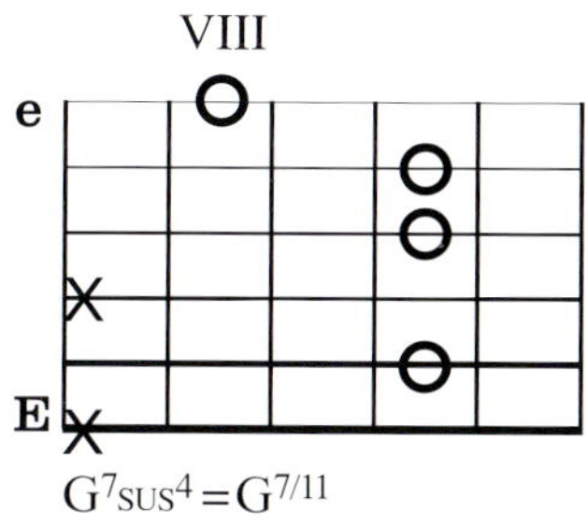

$G^{7}sus^{4} = G^{7/11}$

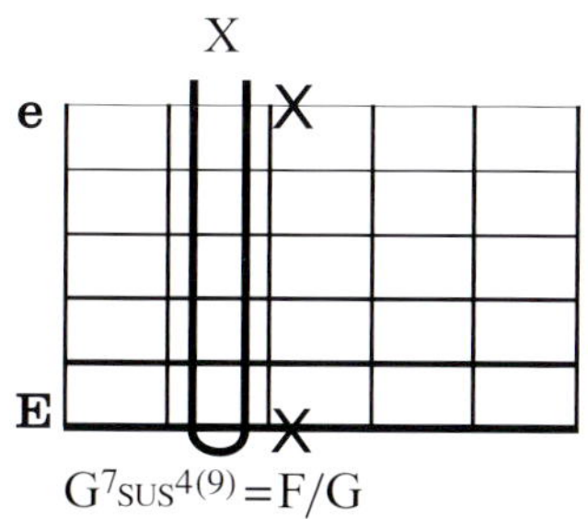

$G^{7}sus^{4(9)} = F/G$

min7/b5 (halbverminderte Akkorde)

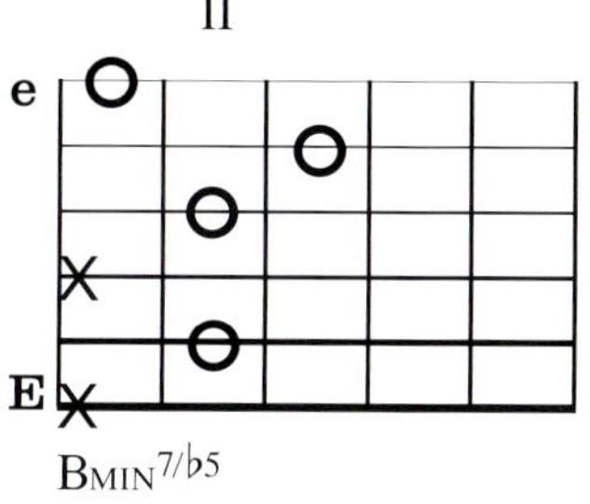

Bmin$^{7/\flat 5}$

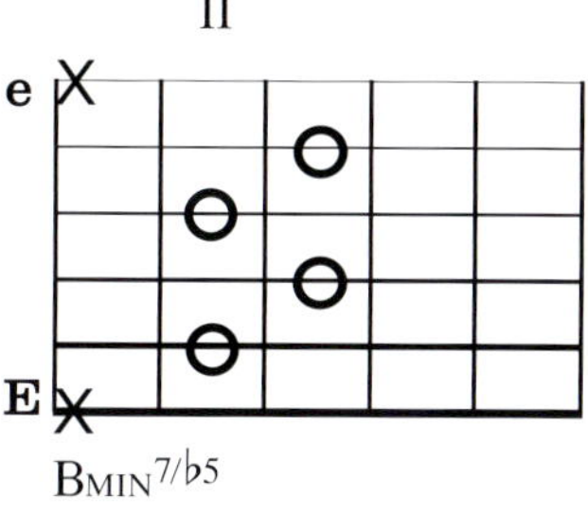

Bmin$^{7/\flat 5}$

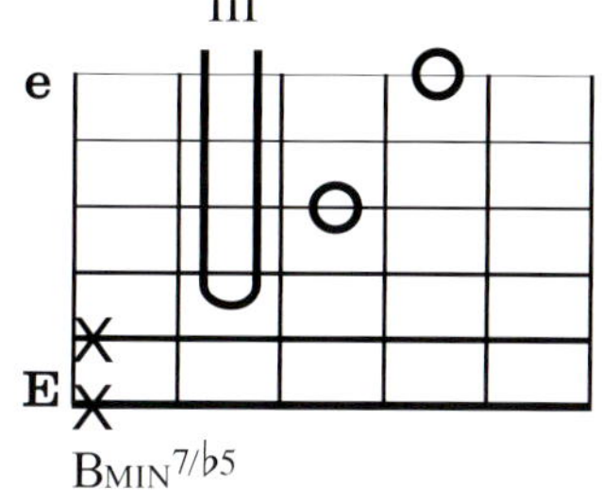

Bmin$^{7/\flat 5}$

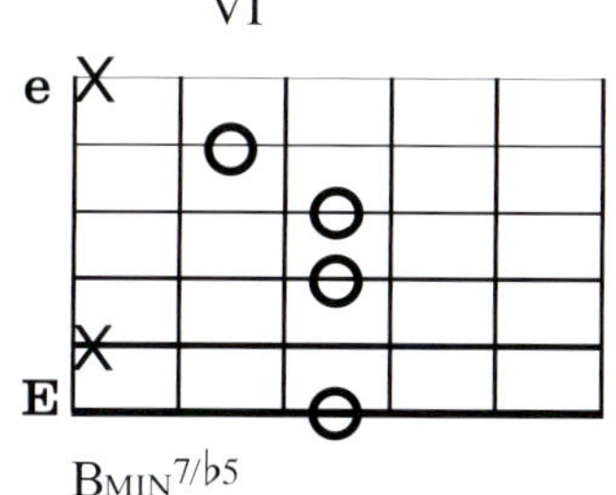

Bmin$^{7/\flat 5}$

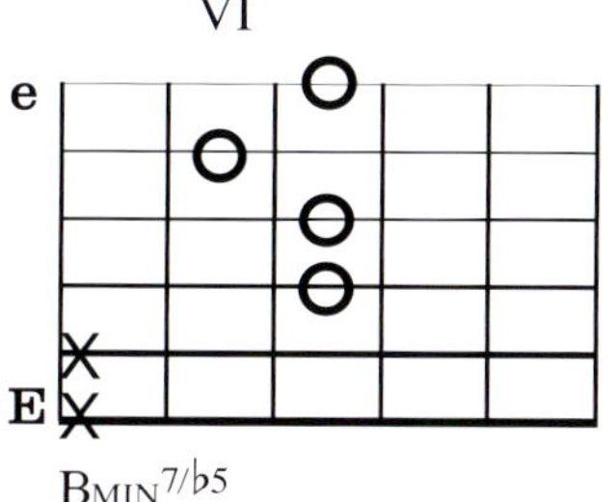

Bmin$^{7/\flat 5}$

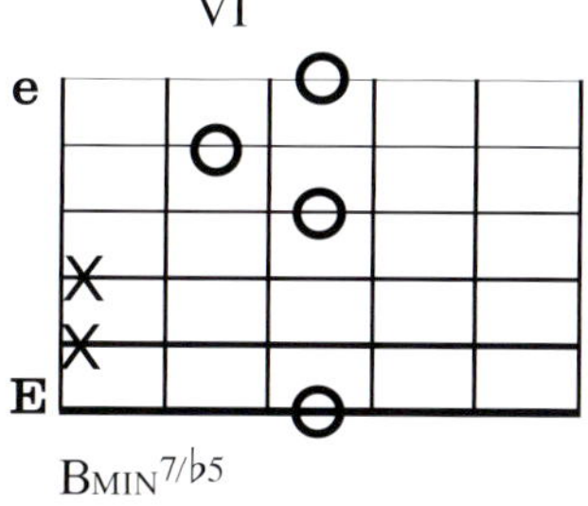

Bmin$^{7/\flat 5}$

Der links abgebildete Griff ermöglicht das gleichzeitige Intonieren des Grundtons in Bass und Melodie. Die Septime muss hier allerdings entfallen.

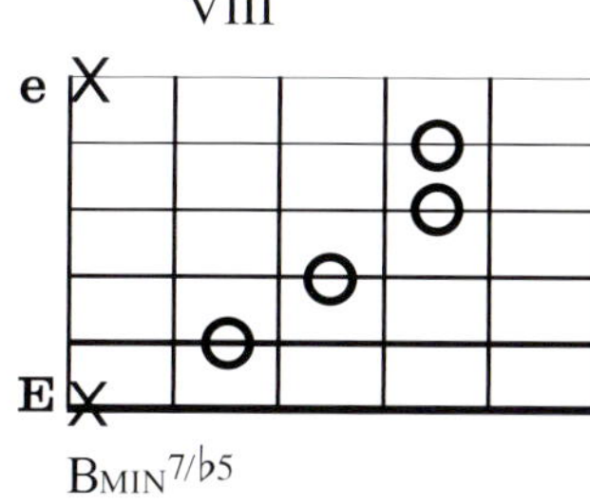

Bmin$^{7/\flat 5}$

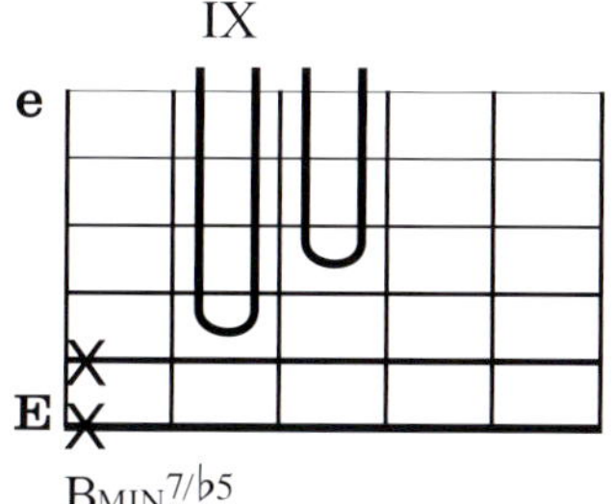

Bmin$^{7/\flat 5}$

verminderte Akkorde (diminished)

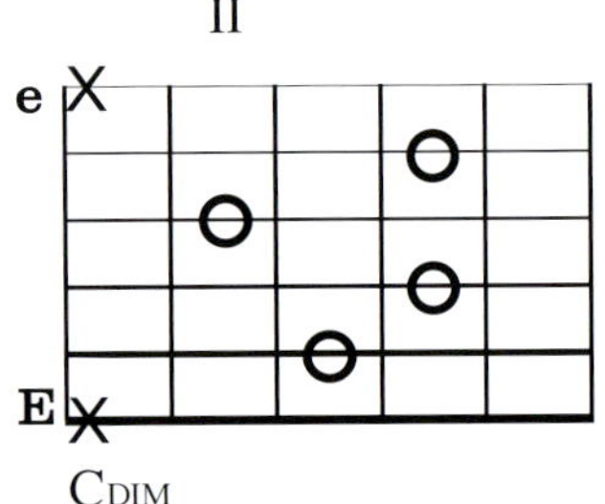

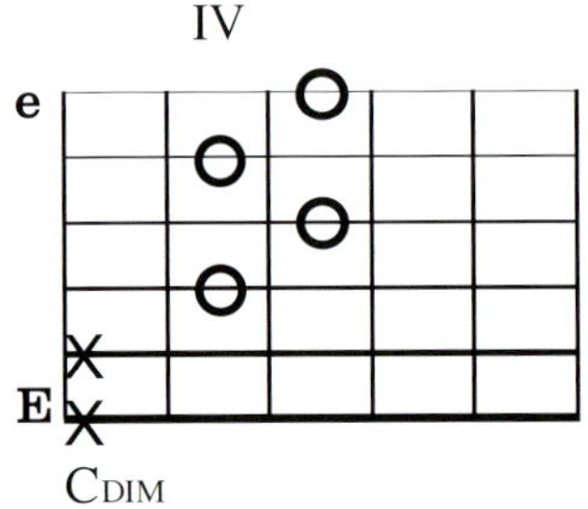

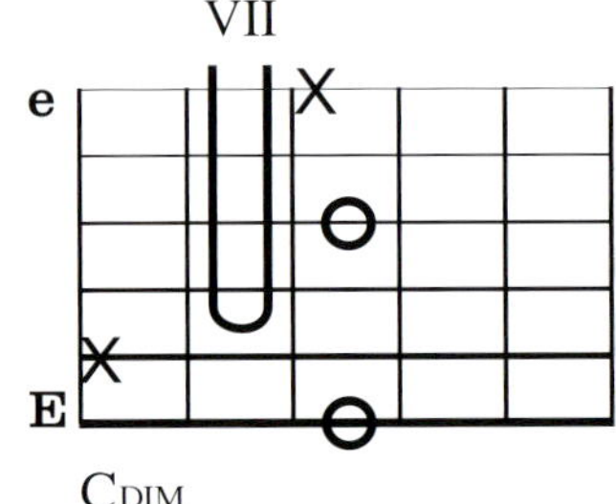

übermäßige Akkorde (augmented)

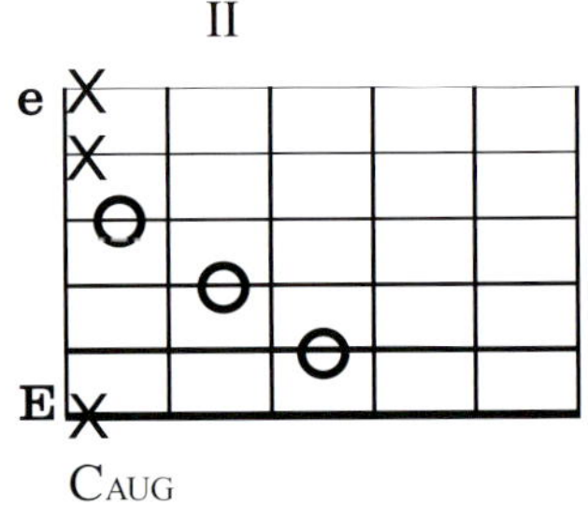

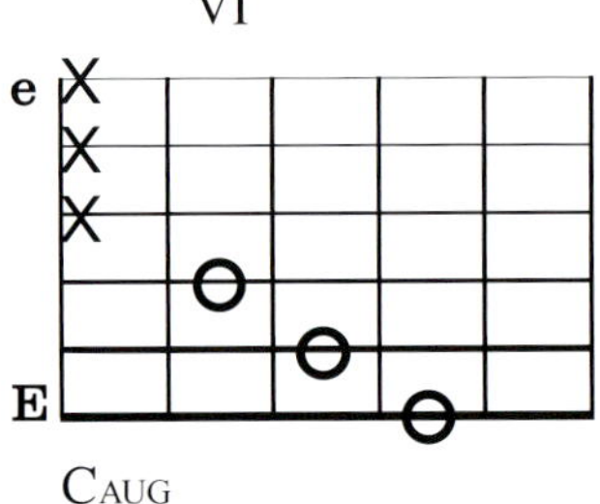

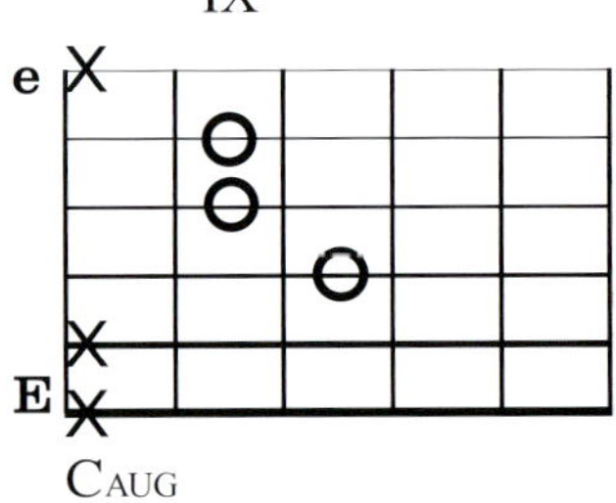

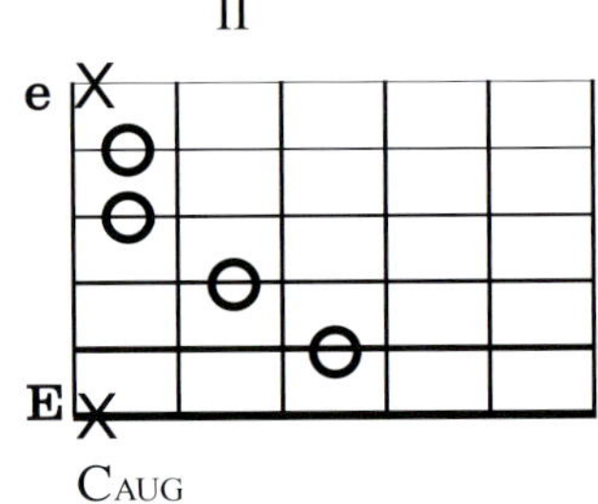

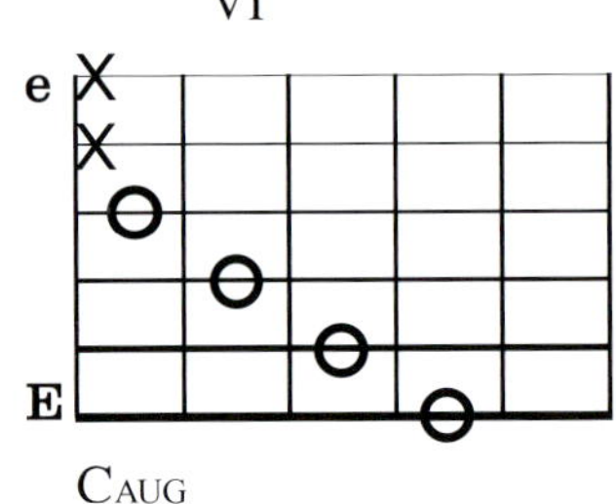

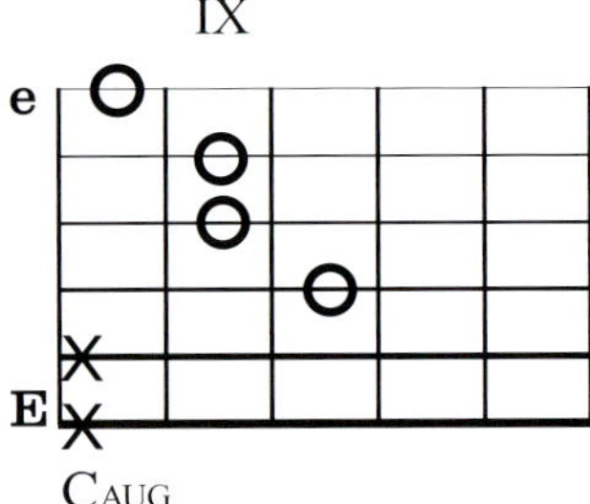

Index

U

V

Z

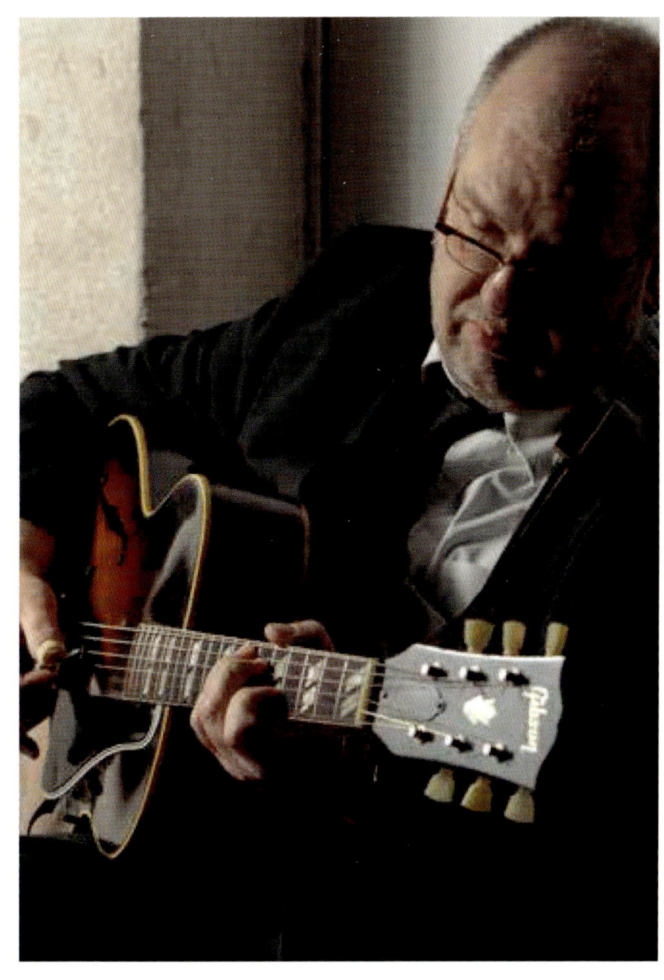

Über den Autor

Gerhard „Gige“ Brunner wurde 1963 in Nürnberg geboren, in der bedeutendsten Metropole des schönen Frankenlandes, dessen Regierungssitz bekanntlich das wesentlich unbedeutendere Ansbach ist...

Nach dem Abitur am humanistischen Gymnasium absolvierte er eine Ausbildung zum Informationselektroniker. Ab 1994 ist er als Comic-Zeichner und Illustrator für verschiedene Fachverlage tätig, zunächst im Nebenberuf, seit 2008 als selbstständiger freischaffender Künstler.

Er entdeckte die Gitarre im zarten Alter von 12 Jahren und hat sie seitdem nicht mehr losgelassen. Schon als aufstrebender Nachwuchsgitarrist in den 1970er Jahren sah er seine Vorbilder nicht in den allseits verehrten Giganten des Solo-Gitarre wie Jimi Hendrix, Eric Clapton oder dem zu dieser Zeit populären Rory Gallagher (welche er allesamt natürlich noch heute bewundert), sondern eher in den Helden des Pickings (inzwischen als Fingerstyle bezeichnet) wie Leo Kottke oder Werner Lämmerhirt. Bereits zu dieser Zeit erkannte er, dass ein umfassendes Verständnis und natürlich auch eine gute haptische Beherrschung der Akkorde essenziell für ein gutes Gitarrenspiel ist, unabhängig von der jeweiligen Stilrichtung.

In Sachen Jazz ist er ein echter Spätzünder. Nach vielen Jahren Rockmusik, Ausflügen zum Bluegrass, Folk sowie zum Akustik-Pop, blieb er zu Beginn des 21. Jahrhunderts endgültig beim Jazz hängen. Er hatte Unterricht bei dem Nürnberger Gitarristen Roli Müller und diverse Workshops bei Peter O'Mara. Seit vielen Jahren spielt er solo und in unterschiedlichen Besetzungen vom Jazz-Ensemble bis zur Tanzband und hat viele Produktionen als Studiogitarrist eingespielt.

Er arbeitet mit Künstlern wie Helmut Kagerer (git), Joe Bawelino (git), Katja Heinrich (sax), Peter Pelzner (git), Johannes Schmidt (trp), Martin Beigel (git) und Kathrin Brunner (voc).

2020 erschien im Spurbuchverlag die „Harmonielehre für Gitarre“ von Gerhard Brunner und Helmut Kagerer.

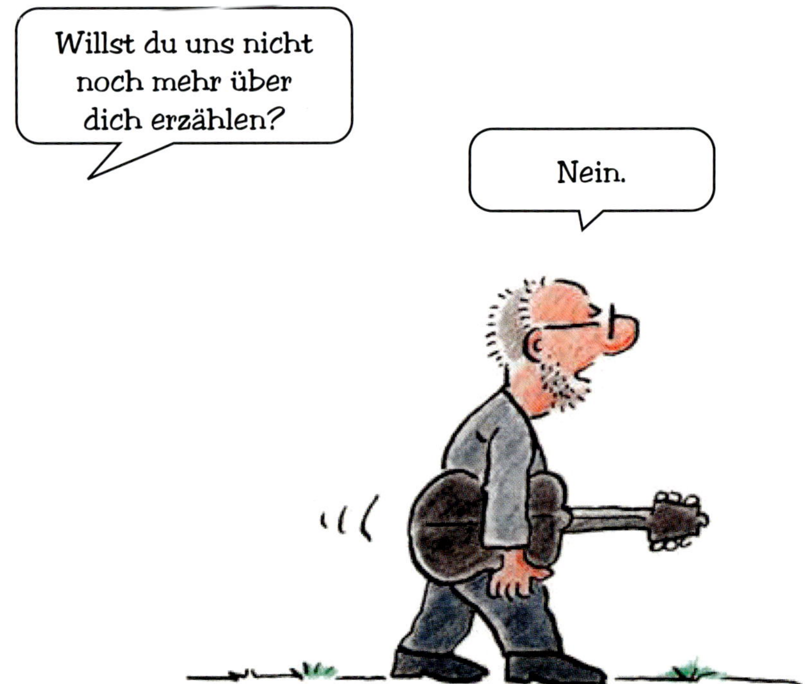

pitters lieder

Die Lieder von Peter Rohland

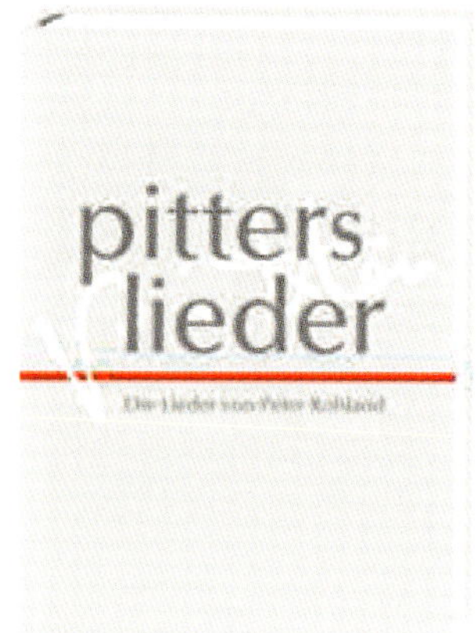

Autor: Helmut König
ISBN 978-3-88778-407-2
248 Seiten
Format: 18 x 25 cm
Sprache: deutsch
1. Auflage, Hardcover mit Schutzumschlag inkl. DVD

Mit pitters lieder liegt nun eine von Helmut König herausgegebene vollständige Sammlung der nachgelassenen Lieder von Peter Rohland in Text und Noten vor. In ihrer Reihenfolge folgt sie der Systematik der schon zuvor von Helmut König bei THOROFON herausgegebenen Tonaufzeichnungen. Es war das Anliegen der Peter Rohland Stiftung, die Lieder von Peter Rohland einer breiteren Öffentlichkeit in Text und Ton in einem Band zugänglich zu machen. Dies ist nun gelungen. Die Tonaufnahmen von Peter Rohland finden sich auf einer DVD, die diesem Buch beigefügt ist.

Zu den vornehmsten Aufgaben der Stiftung gehört die Aufarbeitung und Präsentation des künstlerischen Nachlasses ihres Namensgebers.

Mit dem nun vorliegenden Liederbuch pitters lieder kommt die Stiftung einmal mehr ihrer Aufgabe nach, das von Peter Rohland hinterlassene Werk zu erfassen und der Öffentlichkeit vorzustellen.

Peter Rohland (1933-1966) war einer der wichtigen Neuerer und Anreger in der deutschen Lied- und Chanson-Szene der frühen 1960er-Jahre. Mit seinen Liedzyklen der Landstreicherballaden, der Lieder des Francois Villon, der jiddischen Lieder und vor allem der Lieder deutscher Demokraten des Vormärz und der Revolution von 1848 hat er dem schon verloren geglaubten deutschen Volkslied („Wo sind unsre alten Lieder?“ sang Franz Josef Degenhardt damals in einem seiner vielbeachteten Chansons) eine neue Dimension hinzugefügt und zur Entwicklung eines neuen „unverstaubten“ Volksliedverständnisses beigetragen.

Rezensionen:

„Die sorgfältige, nahezu bibliophile Gestaltung dieses Buches (Leineneinband, Schutzumschlag, Grafik, Lesebändchen, Format, Papier- und Druckqulität) geht erheblich über die Machart vieler vergleichbarer Liederwerke hinaus. Ein Buch, das sich nicht nur für den eigenen Gebrauch, sondern auch zum Verschenken eignet.“

Kei Engelke - Folker 05/14

helms lieder

Die Lieder von Helmut König

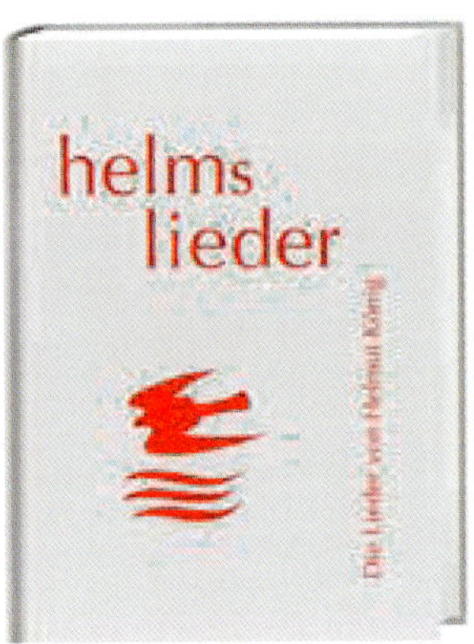

Autor: Helmut König
ISBN 978-3-88778-546-8
208 Seiten
Format: 18 x 25 cm
Sprache: deutsch
Hardcover mit Schutzumschlag

„Diese Sammlung", so schreibt Helm in seinem Vorwort, „ist die Ernte aus sechzig Jahren meines Umgangs mit bündischem Singen ... Es ging mir vor allem um das Singen in den Gruppen, nicht um das Vorsingen eines Sängers ..."

Unter dem Titel helms lieder – die Lieder von Helmut König erscheint im Spurbuchverlag eine ausgesprochen anspruchsvolle Sammlung von über 100 Liedern aus der Feder von Helm König. Alle Lieder sind von Helm König geschriebene Lieder und hier sorgfältig nach Themen aufbereitet und mit Notensatz dargestellt.

Schelmisch lautet der erste Titel „Wer diesen Ton nicht trifft" Und gibt damit gleich die hohen Ansprüche wieder, die Helm König an das Singen mit Gruppen immer wieder gestellt hat. Als Jurymitglied zahlloser Singewettstreite setzte er Maßstäbe für das Singen in Gruppen.

Aber Helm schrieb und vertonte selbst auch zahlreiche Lieder, die in vielen Gruppierungen und Bünde Verbreitung fanden und in diesem Band eine eindrucksvolle Vollendung finden. Das vorliegende Buch umfasst alle 105 von Helm geschriebenen Lieder und stellt sie in den Kontext seines Lebens und Erlebens.

Seinen frühen legendären Ruf als Liederkenner erwarb er sich als Mitherausgeber des 11-bändigen Werkes „Der TURM" bei Voggenreiter, konzipiert von Herausgeber Konrad Schilling.

Mit helms lieder wird die Reihe der ganz hochwertigen, großformatigen Liederbücher im Spurbuchverlag mit Leineneinband und Schutzumschlag fortgesetzt.

Fahrende Sänger

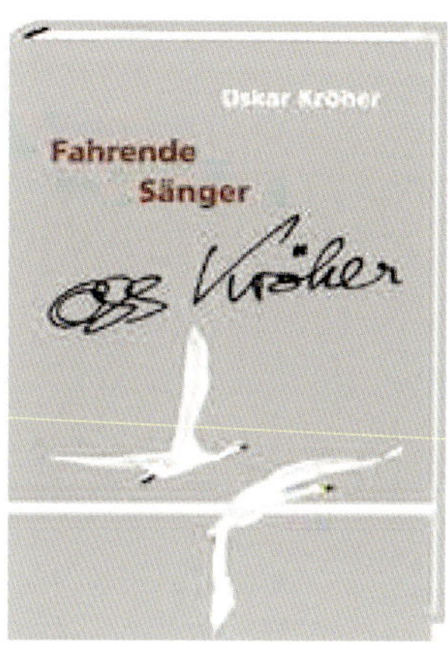

Autor: Oskar Kröher
ISBN 978-3-88778-441-6
460 Seiten
Format: 18 x 25 cm
Sprache: deutsch
1.Auflage, Hardcover

Romantik ist im Spiel, als Oss mit Freunden aus der Pfalz eine Turmruine namens „Kleinfrankreich“ im Wasgau ausbaut. Die Kerle waren nicht mehr jung, 1965 war das. Da haben sie am Feuer gesessen, gespielt und gesungen und getrunken, als ob sie noch zwanzig wären. Im gleichen Jahr Festival auf der Burg Waldeck im Hunsrück. Der Kreis der Sänger und Lieder-macher erweitert sich, Presse und Rundfunk werden auf sie aufmerksam. Das Fernsehen in Berlin (SFB) lädt ein, Hein und Oss beginnen eine Laufbahn, die sie sich nie haben träumen lassen. Sie sind nicht allein: „Liedermacher“, „Protestsänger“, „Chansonnier“ nennen sich Degenhardt, Süverkrüp, Stählin – sie selbst nennen sich „Die Volkssänger“. Es ist eine starke Bewegung; 1968 kommt auf!

Unbändig frei

Auf selbst gebauten Kajaks sind die Brüder Hein & Oss Kröher die Donau hinunter gefahren bis Mauthausen, auf einem Ackergaul reitend mussten die Zwillinge für das Fernsehen des SWR Gitarre spielen – und Ehrenzapfmeister der Parkbrauerei Pirmasens sind sie geworden!

Auf Kanadas höchsten Berg, den Mount Robson (12.983 Fuß), sind Oss und 15 Kumpane gestiegen, bis knapp unter den Gipfel. Mit Willi Brandt wanderte Oss Kröher 1977 durch die Pfalz, DDR Grenzer hat er auf die Schippe genommen, französische Zöllner hereingelegt.

Das Buch skizziert die sängerischen Abenteuer eines unbändig freien Mannes: das Buch beginnt mit der Meißnerformel, dem Fanal der Jugendbewegung, deren Kern wie ein Leitstern das ganze Leben prägt.

Die ersten Begegnungen mit Franz Josef Degenhardt, Hans-Dieter Hüsch, Katja Ebstein, Reinhard Mey setzen den ersten Akzent. Die Seiten über Peter Rohland sind voller Bewunderung und Hochachtung, zeichnen die Bedeutung dieses Sängers für die ganze Liederwelt im Umkreis der Waldeck und weiter darüber hinaus. Große Freundschaft und Anerkennung spürt man in den herzlichen Worten, die Hannes Wader gelten. Glückliche Umstände lassen eine Jahrzehnte lange Bindung an die schottische Adelsfamilie McLean entstehen.

Harmonielehre für Gitarre

Endlich weniger falsch spielen!

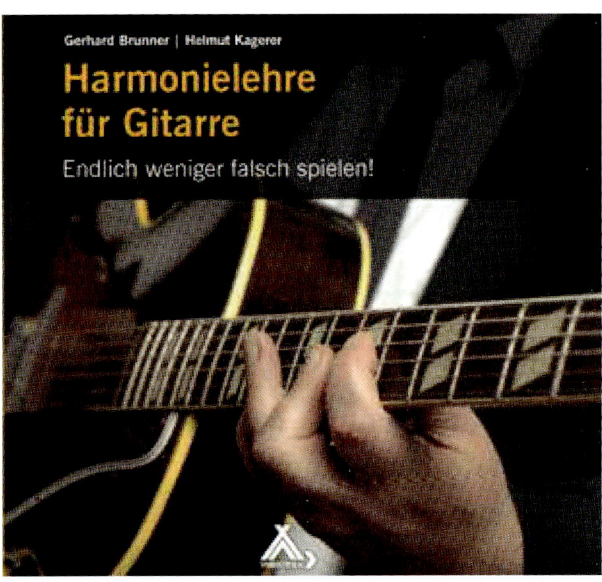

Autor: Gerhard Brunner / Helmut Kagerer
ISBN 978-3-88778-604-5
128 Seiten
Format: 21 x 22,1 cm
Sprache: deutsch
1. Auflage, Softcover
Erscheinungstermin: Dezember 2020

Wozu Harmonielehre? Verdirbt die Beschäftigung mit der Theorie denn nicht die Freude am Musizieren und treibt dem Gitarristen das gefühlvolle und intensive Spiel aus?

Nein, gerade das Gegenteil ist der Fall! Es ist ein weitverbreiteter Irrtum, dass gute Musik am besten ohne die Beachtung harmonischer Regeln komponiert wird. Es mag den Komponisten zu Anfang nicht bewusst gewesen sein, aber alle uns bekannten Hits, seien sie von einem Jazz- oder Popkomponisten, von Gershwin oder von den Beatles, folgen den Regeln der Harmonielehre.

Dieses Buch stellt die Harmonielehre und damit einhergehend die Stufen- und Funktionstheorie vor, allerdings nur insoweit, wie es Gitarristen für die praktische Anwendung nützlich ist. Erst wer Akkordverbindungen und daraus resultierend ganze Musikstücke wirklich versteht, kann sein kreatives Potenzial voll ausschöpfen.

Die Harmonielehre von Brunner/Kagerer bringt üblicherweise schwerverdauliche funktionsharmonische Themen verständlich auf den Punkt und wendet alle Erkenntnisse sofort am praktischen Beispiel an.

Die Autoren beschreiben zunächst die Entstehung der Vierklänge aus der Durtonleiter und dann deren Einsatz in Verbindungen allgemein und natürlich besonders im Jazz. Durch die Erweiterung mit zusätzlichen Stufen entstehen Fünf- oder gar Sechsklänge, wobei auch hier sofort die fachgerechte Verwendung erstmals besprochen wird.

Um zu einer Begleitung ein ansprechendes Solo spielen zu können bzw. um das passende Tonmaterial zu finden, werden die vorgestellten Akkorde wieder in Single-Notes zerlegt, was sogenannte Arpeggios ergibt. Nach dieser Vierklangzerlegung werden Pentatonik, Bluesskala und schließlich die Kirchentonleitern vorgestellt. Nach der Erweiterung der letzteren um Harmonisch- und Melodisch-Moll sowie der Vorstellung der Halbton-Ganzton bzw. der Ganzton-Halbton-Skala ist die Suche nach Tonmaterial abgeschlossen und es geht um den Einsatz desselben anhand realer Songs.

Im dritten Abschnitt des Buches wird die Funktionsharmonik erklärt, mit deren Hilfe sich ein Song in „leichtverdauliche“ Happen unterteilen lässt und somit ein komplexes Gesamt-Gebilde in überschaubare und somit spielbare Bereiche zerlegt wird. Analysiert werden Standards aus Blues, Jazz und Bossa Nova, wie „Still Got The Blues“, „All Of Me“, „Girl From Ipanema“ und andere. Insbesondere die Analyse der beiden Bossas ist dann schon wirklich „deepes Zeug“ und erfordert eine intensive Beschäftigung mit der vorgestellten Materie.

Die Autoren haben die Analysen im wahrsten Sinne des Wortes eigenhändig erstellt und in vielen Liveauftritten und natürlich auch im Duo verifiziert. Die Harmonielehre für Gitarre von Gerhard Gige Brunner und Helmut Kagerer liefert das theoretische Hintergrundwissen von Livemusikern für Livemusiker.

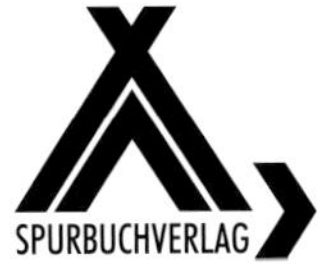
SPURBUCHVERLAG